不分心
不拖延

高效能孩子的八项思维技能
（实践版）

[美] 亚当·J.考克斯（Adam J. Cox）著

王兴华　周佶　译

机械工业出版社
CHINA MACHINE PRESS

Adam J. Cox, No Mind Left Behind: The Eight Essential Brain Skills Every Child Needs to Thrive

ISBN: 978 - 0 - 399 - 53455 - 3

图书在版编目（CIP）数据

不分心不拖延：高效能孩子的八项思维技能：实践版 /（美）亚当·J. 考克斯（Adam J. Cox）著；王兴华，周佶译. — 北京：机械工业出版社，2023. 7

书名原文：No Mind Left Behind: The Eight Essential Brain Skills Every Child Needs to Thrive

ISBN 978 - 7 - 111 - 73425 - 3

Ⅰ.①不⋯　Ⅱ.①亚⋯ ②王⋯ ③周⋯　Ⅲ.①思维能力-能力培养-家庭教育　Ⅳ.①G78

中国国家版本馆 CIP 数据核字（2023）第 133444 号

机械工业出版社（北京市百万庄大街22号　邮政编码100037）
策划编辑：陈　伟　刘文蕾　　责任编辑：陈　伟　刘文蕾　丁　悦
责任校对：牟丽英　梁　静　　责任印制：张　博
北京汇林印务有限公司印刷
2023 年 8 月第 1 版·第 1 次印刷
145mm×210mm·10.625 印张·183 千字
标准书号：ISBN 978 - 7 - 111 - 73425 - 3
定价：69.80 元（含附加册）

电话服务　　　　　　　　　网络服务
客服电话：010-88361066　　机　工　官　网：www.cmpbook.com
　　　　　010-88379833　　机　工　官　博：weibo.com/cmp1952
　　　　　010-68326294　　金　书　网：www.golden-book.com
封底无防伪标均为盗版　　　机工教育服务网：www.cmpedu.com

　　大脑前额叶的执行控制能力在心理学、神经科学、精神病学等多个学科领域都是一个尚未成熟但极具潜力的研究课题。接到本书的翻译邀约时恰逢我们的课题小组在做儿童执行控制能力方面的研究，于是欣然应允。对于许多读者来说，执行控制能力也许是个陌生又晦涩的词语，然而本书作者巧妙地将来自不同学科的研究发现与自身几千个小时的临床经验相结合，将抽象不可见的执行控制能力细化为八项关键的技能，它们是：

发起行动

思维灵活性

保持专注

计划能力

组织能力

工作记忆

自我意识

情绪管理

这八项技能为读者提供了一个新的视角，来理解儿童那些让人担忧的行为背后的原因，这比简单地给儿童贴上"注意力障碍"或"学习困难"的标签更有助于儿童工作者积极地寻求改进策略，毕竟帮助儿童掌握一项技能比矫正一种障碍听起来要容易得多。本书作者针对每一项关键的技能提出了可操作的策略与建议，帮助那些关注儿童健康成长的人在轻松的氛围中提高儿童的执行技能，为当下及未来的生活做好更充分的准备。

本书在翻译过程中得到了课题小组成员舒曾、朱瑞玲、范蜜娇的大力支持，另外卜尚聪也积极参与了本书的翻译，在此表达我们诚挚的谢意！

王兴华　周　佶

　　数以百万计的孩子正走在他们人生的岔路口。一条路通往机会、自信和成功，另一条路则通往沮丧、半途而废和失败。这本书就是要告诉孩子如何选择正确的那条路。童年转瞬即逝，我们要把通往成功最好的机会留给我们最爱的孩子们。

　　作为心理学家、作家和演讲家，我致力于帮助家庭与学校了解儿童和青少年的行为，努力搭建科学知识与实践方法之间的桥梁，希望能让更多成年人受益，并最终通过这些成年人的改变，让那些在成长过程中深深依赖成年人的儿童获得人格与学业上的成就。走上这条职业之路源自于我几千个小时的临床经验以及与家长、教师、咨询师、儿科医生以及许多其他人的接触。在咨询过程中，我一直在找一些共性的因素，即到底是什么撬动了儿童与青少年的命运支点。在认真倾听了家长与教师的担心之后，我意识到是时候开启一场革命了，应该让大家知道什么才是儿童发展过程中最关键的技能。很明显，在心理学、神经科学和精神病学领域广为人知的知识与我们正在研究的课题之间尚有巨大的鸿沟。这些最前沿的信息对谁最有价值呢？无疑是那些关注儿童健康成长的人，包括那些有特殊需要的儿童，因为他们不仅需要无限的爱与耐心，更需要切实可行的措施来提升自己的能力。简而言之，写这本书的初衷就是要广泛传播这些信息，就在此刻！

该转变一下大众对成就以及如何取得成就的看法了。我们必须让儿童对他们将要生活的世界有更充分的准备。完成这个目标最好的方法就是关注儿童的执行技能，这也是本书的主题。与其他技能相比，执行技能会让你的孩子更能集中注意力、有主动性、有更强的记忆力及自我控制能力。这本书就是要介绍执行技能如何作为一个"引爆点"来推动儿童的思维发展，使之成为未来合格的公民。我们会看到，决定儿童个体间差异的关键因素是执行技能，而不是其他一些我们熟悉的人格特质或认知技能。它甚至能在很大程度上决定个体的潜能可以发挥到什么程度。

对许多读者来讲，这本书的内容是新的。但是执行技能的作用，或者说执行技能缺乏带来的结果对许多家庭来讲都不陌生，尤其是当孩子在某方面被贴上"困难"的标签时，如注意力障碍、学习困难、对立违抗性障碍（多见于10岁以下儿童，主要表现为不服从、对抗、消极抵抗、易激惹或挑衅等令人厌烦的行为特征）、双相障碍（以躁狂和抑郁混合发作为特征的一类精神障碍）或自闭症等。然而这些标签并不能告诉你为什么你的孩子如此不同。以我在临床工作中遇到的孩子为例，他们表现出的多样性远不能靠这些标签来分类：智力中等的中学生却完全没有社交能力；可爱的学龄前儿童一提到上学就情绪失控；智力已经成熟的青少年却做出了自毁前程的可怕决定；有特殊需要的儿童需要提醒几十遍才能去上学，却能认出非洲的每一种动物并叫出它们的名字；能写出富有深意的诗歌的儿童却完全做不好个人卫生。许多美丽的心灵和美好的生命，同时也有数不尽的问题和忧虑，每个人的情况都各不相同。

那么有什么共性呢？

我急迫地想要说服大家，答案就是执行技能——一个还未研究成熟的课题。要从当下改变儿童的生活，仅仅给他们贴上一个诊断的标签是远远不够的，我们必须透过表面现象（如低自尊）来解释儿童的行为。被贴上心理障碍或学习困难标签的儿童的数量很明显地在逐年增长，这本书并不是让大家忽略问题的严重性。但是，脑科学的迅速发展已经让我们对如何改变儿童的生活有了新的认识，在十几年前恐怕人们还觉得脑科学跟家庭及学校教育并没有什么直接的关系。

希望这本书能给父母及其他家庭成员、教师、咨询师和其他儿童工作者一些帮助儿童获得执行技能的策略及建议。执行技能这个词听起来似乎有些机械论的意味，我希望它听起来没那么像商业用语。它的本意是指一些在儿童与青少年阶段发展起来的思维技巧，这些技巧对儿童的成就及能力有重要的现实意义。能力是个相对概念，因为每个人的天赋不同。我们对能力的理解也随着现代社会生活节奏、价值观及社会责任等因素的变迁而发生变化。我的目的是告诉你如何在养育过程中促进儿童执行技能的发展，无论儿童的起点在哪儿。

请允许我跟大家分享一个关于儿童发展的全新的观点：要想成为一个高效的问题解决者、学生或朋友，其背后有一个共性的能力因素，并且这种能力可以被培养。我会介绍执行技能会如何提高特殊需要儿童独立生活的能力，为什么说执行技能应该成为大家关注的焦点。这本书绝不仅仅是在界定一个问题，你会从中发现许多改变现状的具体措施。在这个过程中，你会了解到缺少执行技能的孩子有哪些特征，他们也会像那些关心他们的人一样感受到希望或沮丧。在我演讲结束之后，经常会有人来跟我说："你讲的例子跟我的孩子一模一样啊！"

我希望这些经验的分享能帮助你确认、澄清孩子的问题，更重要的是，能提供有效的支持让孩子的生活发生积极的改变。如果你已下定决心要从执行技能入手去做改变，能做的其实很多，但是要记住——改变越早越好。因为儿童早期大脑具备吸收的潜能，更容易接受新的措施及思维习惯，这个时期获得的执行技能会让孩子终身受益。你可以把本书中介绍的技术和方法当作指南针，帮助孩子走过崎岖的青少年时期，最终通往充满阳光的人生。当我们在相互理解的这条路上登上一个新的高度时，你将会发现前面的路逐渐明朗，可以预见自己将走向何方。

那就让我们开始吧！当我们坚持不让一个心灵掉队时，每一天都会不一样！

亚当·J. 考克斯

目 录

↓

第一章

执行技能：为什么有的孩子学习能力和自控力更强？

　　如果我们去参观一个社区或者学校，假设我们有魔力可以看到所有孩子的生活，就会注意到某些孩子似乎注定会取得某种形式的成功。无论是在拥有较好的人际关系、"好的性格"、实现个人追求方面，还是在获得学业或职业成就方面，与其他孩子相比，这些孩子似乎找到了通往成功的捷径。作为社会中的一员，尤其是我们这一代人，都希望能弄清楚心理因素和社会因素对一个孩子人生旅途的影响。毕竟，大家都希望自己能够塑造和管理孩子的人生。然而，如果有一双看不见的手——人们所知甚少的"执行技能"在影响着孩子的生活轨迹和成功前景，这个目标要如何达到？通常我们需要先了解"执行技能"是什么，它到底是如何影响孩子的生活的。既然它会对孩子的未来产生如此深远的影响，家长为什么会忽视孩子执行技能的发展呢？有没有促进执行技能发展的办法，使机会的天平朝着对孩子有利的方向倾斜？

这本书是写给家长、老师的，也写给那些希望对儿童能力有更为深入理解，而不仅仅满足于用智商（IQ）、个性或者环境来描述儿童发展的成年人。本书所要传达的重要信息是，儿童和青少年思维方式中非常细微的差别都会对他们未来的成功产生巨大的影响。在接下来的章节中，你可能会发现书中所举的例子与你作为家长、老师或者指导者自己观察到的现象很相似。最重要的是，你会在本书中找到帮助孩子变得更有能力、更自信的方法——只要孩子的机会之窗还开着，这些策略就一定能够帮助他们。

我们接下来要讨论的大脑差异出现在人生初期，通常在学步期就可以观察到。在孩子接下来的学习、记忆以及解决问题的过程中，几乎都能观察到这些差异的影响。不可避免地，接下来的讨论会带领我们深入家庭，因为书中介绍的儿童思维技能的重大差异将首先影响家庭，影响着家庭生活氛围。作为一名心理学家，我曾经帮助家庭、学校以及社区组织寻找诸如成就、自尊以及自我控制等孩子常见问题的解决方法。同样，我也希望本书介绍的一些在家庭和学校中经过实践检验的观点和建议能够帮到大家。

1 对孩子至关重要的"执行控制能力"

我们中的大多数人，很容易迷失在专业人士和新闻媒体发布的大量信息中，特别是当这些信息涉及像大脑一样复杂的事物时。然而，作为父母来说，了解某些信息，尤其是一些较高质量的神经科学研究结果，可以帮助我们更好地教育和辅导自己的孩子。这些信息可以帮助我们在童年时期的曲折蜿蜒中自如穿行，就像是给开车迷路的我们一张从纽约到洛杉矶的地图，而不是简单地告诉我们一直朝西走。我的目的是强调目前心理科学在思维发展领域的一个重要发现——执行控制能力。弄清楚心理学家和科学家为什么使用这个术语，有助于我们理解这个概念。执行控制是大脑前额皮质的功能（如果你想触摸你的前额皮质，请将你的手放在你的眼睛上方，你的手覆盖的地方及眼睛对应的脑部区域就是你的前额皮质，它是大脑中特别重要的一部分，可以塑造我们的现在和未来，或者说可以决定我们是什么人、会变成什么样）。尽管你不能确切地看到自己孩子的前额皮质，但是你却可以影响它。就像一些人可以通过做俯卧撑来加速心率一样，成年人可以通过做各种事情来促进孩子执行控制能力的发展。当你读完这本书，就会拥有很多方法去完成这件事。

前额皮质像大脑指挥家一样发挥着作用，就像一名管弦乐队的指挥家尽可能地指挥音乐家们演奏出最优美的音乐那样，前额皮质指挥大脑各部分的处理过程，尽可能创造最高效率的思维。

当大脑的指挥家不够活跃的时候，就好比一名管弦乐队的指挥家失去焦点时所发生的现象——人们忘记了自己应该干什么，这会破坏乐队和谐完美的演奏。就像我们将要看到的案例一样，拥有执行控制能力是完成重要脑力劳动（比如开始着手做一些事情、维持专注、记住关键信息以及监督自己的行为）的出发点，在决定孩子发展的速度和成就方面发挥着毋庸置疑的作用。尽管这些技能对所有年龄段的人来说都很重要，但是我们发现它们在儿童期个体之间的差异最大，因为执行控制能力还在动态的发展中，这也是为什么我们必须考虑你现在——也就是通过合理养育还能够塑造有执行控制能力的大脑时，可以做些什么。儿童大脑的先天固有能力和有策略的养育之间的协调是提升执行技能的关键，同时也是不让心灵掉队的核心。本书的目的就是帮助你实现这种协调。

了解了大脑的执行控制能力，你就更能明白管理孩子的每个成长阶段都需要做什么，以及成人世界的发展会如何深刻地改变我们对孩子的期望。我们也会探索成年人自身的心理需要是如何渗透进我们对孩子的期望中的。成年人哪个时代，成年人对儿童的期待和关于理想儿童的观念，都会影响到孩子的生活。尽管这些期待源于我们对孩子所抱有的希望，但我们依然应该了解父母的期待又是如何影响儿童自然发展的进程的。

因为我们的主要关注点是儿童，包括青少年，所以接下来我们会分享一些故事，来解释一下执行控制能力对孩子生活的巨大影响，以此来开始我们的探索。

你遇见过这样的情况吗？

菲利普不明白为什么其他孩子看起来都不喜欢他，不管他尝试多少次想和其他人一起去他家或在购物中心玩，他都遭到了其他小朋友的断然拒绝。"好像我有传染病一样。"他抱怨说。在菲利普看来，他的行为和其他人没什么两样，没理由受到同伴的这种对待。刚开始时，菲利普感觉很受伤，但是最近经常遇到这种情况，他开始感到愤怒。"他现在陷入了一种防御和愤怒的循环状态，这样只会让事情变得更糟，"他的妈妈说，"菲利普应该先放松下来，关注一下其他人都在说些什么。他认为自己已经参与进去了，但是有一半的时间，别人都不明白他在说什么或者根本不关心他在说些什么。他说得很快而且断断续续的，其他孩子看着他就好像在说，'你怎么回事啊?'"菲利普的老师也这样认为。"菲利普和其他学生一样，但他就是不明白他带给了别人什么影响"，一个老师如是说。当涉及社会关系时，菲利普是一个内心需求比较正常的孩子——他对同伴交往很感兴趣而且很有礼貌，但是自我意识的缺乏限制了他参与同伴游戏的能力。这一切和智力都没什么关系，菲利普的智商（IQ）高达135，这是不是让你有点惊讶?

德卓是一个有着强烈冒险欲望的七年级学生，为了得到其他人的关注，她尝试了各种冒险行为：在校车上进行性挑逗行为；坐在高速飞驰的摩托车后座上尝试喝她哥哥的朋友们提供的酒。德卓希望得到别人的关注并且玩得开心。她几乎总是生活在当下，很少将现在的选择和将来的结果联系在一起。她的大脑不能很好地掌控时间，经常无法进行关于原因和结果的思考。证明德卓执行技能方面存在困难的一个很重要的线索就是几乎所有的事情她都会迟到。毫无疑问，德卓的态度有问题。但是当大脑不能管理自己的情绪需要时，它还能帮助她分清主次吗？德卓需要别人帮助她理解自己的行为对于那些大男孩们而言是一种怎样的信号以及这些男孩又会怎么看待她。13 岁的德卓面临着人生道路上的一个重要的分叉点，她的选择可能会影响她的一生。德卓的父母怎样才能调动她的执行技能，帮助她避免这些让人无法接受的行为呢？

凯瑟刚刚被一所私立学校开除，这所学校能够提供小班教学和各种各样丰富的项目。尽管校方认为已经给了他最大限度的容忍，凯瑟还是两次把其他学生打哭。据他的父亲说："老师们抱怨凯瑟喜欢不断地制造麻烦，经常和老师争辩，而且喜怒无常，认为他'还没有做好入学的准备'。""我 18 岁的侄子曾被诊断为躁郁症，我妹妹认为凯瑟也是躁郁症。"他的妈妈说，"我丈夫承认凯瑟有点固执，但他认为学校有点反应过度。我想帮助凯瑟，但是我不知道他是不是真的有问题。这段时间我们都很困惑。我们从来没有想过我们的孩子会被开除。"令人吃惊的是，凯瑟只有 5 岁——正是执行控制能力对幼儿入学准备起着决定性作用的年龄。

特伦特的父母是工薪阶层，经常加班到很晚。他们不介意工作有多辛苦，但是当他们发现 15 岁的儿子特伦特中午之前一直在房子周围闲逛，无法开始做其他事情（哪怕只是洗个澡或和朋友们说好去哪儿玩）时，他们开始担忧了。治疗师通过评估排除了抑郁症的可能。"尽管如此，他的拖延仍使我们感到懊恼，"他的父亲说道，"他在浪费他的潜能。"当特伦特被问及为什么不能着手做事情时，他只是耸耸肩，转移自己的视线，变得很安静。特伦特自己也不知道哪里出问题了。他所能感觉到的就是，在他的头脑中，他的方向感被打乱了，他总是不能如期完成很多事情。结果，他一直停滞不前，给人的典型印象就是缺乏追求。如果问题得不到解决，这个既阳光又可爱的男孩就会面临无法进入大学、美好前景遭到破坏的危险。因为没有人明白特伦特问题的根源，不幸的是，家人又给他带来了挫败和伤害。"他难道不知道什么是利害攸关的事情吗?"他的父亲问。特伦特确实感觉到了压力，但是催促他更加努力并不比制订一个新的策略帮助他组织自己的思想和启动自己的行为（这是进入大学不可或缺的能力）更有用。

卡拉刚刚 9 岁，应该能够知道把自己的脏衣服放进脏衣篓、睡觉前刷牙以及离开学校前收拾书包。然而，不管提醒她多少次，卡拉总是忘记。她的父母和老师对卡拉的健忘越来越有挫败感，而且私下里揣度卡拉的健忘是不是对承担责任的一种反抗或者蔑视。卡拉经常被训斥，并且很快她就不得不面对一个现实问题——她的工作记忆能力较低。大家不能理解的是，虽然卡拉是个很聪明的孩子，但这不意味着她能够记住信息足够长的时间直到自己能够掌握它——从本质上讲，就是无法将即时信息转换成长时记忆，继而使长时记忆中的信息被唤起并应用到每天的日常生活中。现在即使是卡拉自己也开始认为问题源于自己的态度不端正，而不明白现象背后真正的原因——大脑工作时执行技能却在"睡觉"。

以上案例都描述了执行控制能力不活跃时所发生的问题。儿童本身的潜力和他们所表现出来的成就之间的落差会随着时间的推移越来越大。而且不断扩大的成就落差所带来的问题会进一步影响儿童在学校的表现。理解造成成就落差的认知根源非常重要。明白了这一点，我们就能投入更多的热情，运用一些方法来帮助我们的孩子挑战自我，努力做到最好。你可能会想，"但是我的孩子存在的问题是学习障碍、情绪问题"或者"我的孩子只是年龄太小不懂事，以后就好了"。当然，这可能是真的，但是与这些情况有关的大多数孩子的共同特征就是执行控制能力不够活跃。

幼儿园的困境

你知道吗？与其他年龄阶段的孩子相比，幼儿园的小朋友更有可能被开除。平均每 1000 名幼儿中就有 6.7 名幼儿被开除，而从学前班学生到高中生也只有 2.1‰的开除率。究竟发生了什么，使这么多幼儿达不到学校早期教育的要求？部分原因在于幼儿园对学前期幼儿执行控制能力的要求有所增加。尽管幼儿园曾经致力于自我管理能力的发展，但是他们现在更希望孩子获得学习技巧，比如阅读，幼儿接触阅读的时间越来越早。虽说"不应该有一个孩子掉队"，但那些从幼儿园开始就落后的幼儿、那些苦苦挣扎着满足幼儿园基本行为要求的幼儿却没有得到充分的关注。

2 执行控制能力包含的八项技能

影响执行控制的众多因素有：保持专注、计划以及目标导向行为。执行技能使我们能够看到未来，明确自己的目标，协调一系列步骤，并且为了实现自己的目标开始行动。说到目标，你本周、今天甚至这一个小时之内有多少次需要目标的指引？这一过程看起来简单，但其涉及大脑不同部位之间的协调操作，而且所有这些都源于我们大脑

的指挥家——前额皮质。之前你或许以为执行控制能力只
与效率和生产率有关，但是，相对庞大的执行大脑（在本
书中，执行大脑指大脑中承担执行控制功能的脑区。——
译者注）是我们之所以能成为人的很大一部分原因。请注
意这样一个事实：与一只猫相比，一个人的大脑额叶占整
个外部脑区（皮质）的1/3，而猫的额叶占大脑皮质的比重
则小于3%。猫咪可能有很好的直觉，但人类执行技能工作
的时间更长。随着年龄的增加，猫咪可能在寻找一个安静
的地方打盹这一方面做得越来越好，而人类在发起行动、
集中注意力、记忆和自我控制方面做得更好。从本质上讲，
我们发展出了控制自己思想和情绪的能力，然后在合适的
情况下运用它们，以使它们能够"演奏美妙的音乐"。如果
我们能够做到这些，别人将会愿意听我们"演奏"，愿意围
绕在我们周围，成为我们的朋友，并且把我们当作他们世
界的一部分。

执行控制能力的八项技能同时可以帮助孩子把过去的
经验与未来可能发生的事情联结在一起，从而获得时间感
和空间感。这种潜意识的连续性有利于孩子对自我的认识
和建构——"我是谁？""我知道什么？""怎样才能做到独
一无二？"拥有这种程度的自我意识，可以使孩子学会更有
意识地控制自己的行为。当我见到一名冲动、行事方式偶

然随意、弄巧成拙的孩子时，我知道他还没有学会如何将过去和现在联结起来，并从他自己的经验中获益。这一类型的问题已经超出了时间管理的范畴。它与了解你自己的过去有关，包括你过去的经验如何塑造你的洞察力、提升你的选择能力和加强你关于自我的信念（我们将在第八章介绍自我意识技能时讨论怎么去帮助有这方面问题的孩子）。

不管一个人的执行控制能力有多强或多弱，它都是由八项不同的技能构成的。这些技能包括：

- 发起行动：能够很好地组织自己的想法并发起特定的行动，不需要别人的一再提醒和要求（讽刺的是，在当下这个提倡效率的时代，浪费时间却比以往任何时候都更容易）。
- 思维灵活性：学会通过转变自己的注意力和步调来适应不断变化的情境。想象一下，你开车时如果不改变自己的方向，并且只以一种速度行驶，那将会有多难（就像父母只以一种速度和方式教育孩子那样难）。
- 保持专注：能够长时间将注意力放在需要关注的重要事情上。推而广之，保持专注的能力还包括减少外界对注意力干扰的能力。我们的执行大脑能够分清事情的轻重缓急。

- 计划能力：能够合理安排自己的时间。当你想要按时完成任务时，这一能力比其他的执行技能更为重要。一个有计划的大脑能够利用时间管理工具明确重点，提高效率。从开始上学到后面的职业生涯，组织与计划这两项技能都是必不可少的。

- 组织能力：指空间管理能力。这种能力同样适用于在嘈杂混乱的情境中对情绪的管理。为什么？因为长期的混乱、无序会削弱你前进的动力，也就是你完成任务的冲动。

- 工作记忆：只有将信息保留足够长的时间，才能将其存储在长时记忆中。我们称这个过程为"学习"。在所有的执行控制能力中，工作记忆是影响范围最广的，有助于每一项技能的顺利运行。

- 自我意识：不仅指清楚的自我认识，而且包括能够明白其他人是如何看待自己的。如果你不想被别人疏远或排斥，那么你就需要做出合乎目的的行为。此时，有关自我意识的这些信息会发挥至关重要的作用。

- 情绪管理：面对引发情绪的事件，能够合理地表达自己的情绪。当孩子反应过于不敏感或者反应过度时，就会和他人的预期或者特定情境不相符。在生活中，人们往往忽略"沉默的羔羊"，同时也会极力逃避"爆发的火山"——我们要避免这两种情况。

在接下来的章节中，我们将更深入地探讨每一项技能，但是现在请记住，这些技能都是和其他技能一起出现的，也就是说，在任何既定的时间，当我们观察在日常生活中孩子怎样使用执行技能时，会发现他们在使用不止一项技能。

例如，假设学校要求你的儿子通过卖糖果进行募捐，但是孩子忘了给你看学校写给家长的通知和订货单（涉及工作记忆部分），直到离卖糖果的结束时间还剩下一周时他才想起此事。于是，你提醒他去问问晚上一起踢足球的人买不买糖果，但是他又被足球深深地吸引了，忘了询问别人是否需要糖果（涉及发起行动和思维灵活性）。你提出可以在晚上下班后陪他去邻居家推销，但是需要提前约定好日期你才能提前下班陪他。但是他又忘记了，而且当你提起此事时，他说他不在乎哪一天，而且没有注意到你已经生气了（涉及工作记忆和自我意识）。当被提醒只剩两天的时间订货单就要到期时，他跑过去乞求邻居们买糖果，却忘记带笔进行记录（涉及组织能力）。等订货单到期的那一天，他彻底崩溃了，因为除了邻居，只有爸爸妈妈是他唯一的客户（涉及情绪管理）。冲动之下，他开始沿着街道推销糖果，想在去学校之前得到几个订单，而且差点儿错过公交车（涉及计划能力）。将这样一个孩子的行为简单地定义为不负责任或是做事情没有重点，都是对他执行大脑中发生和没有发生的事情的过度简化，而且不幸的是，这种简化将会导致人们的干预只能满足孩子的部分需要。千万不要认为这个孩子对"失败"没有感觉。如果他不能为下次做一个更好的、可行的计划，全世界的引导说教对他都没有帮助。

作为个体，我们每一个人的执行技能都有所不同。你可能有很好的自我意识，能够有效地根据需要来改变你的语言和非语言交流，但是在计划和组织方面有更大的困难，例如组织一场派对或者家庭旅行。同样，许多聪明的孩子也严重缺乏执行控制能力。历史会一直重演——当然这些重演也在某种程度上揭示了事物的本质：心不在焉的、找不到自己眼镜的教授，缺少社交技能的数学天才，经常发脾气且从不听别人意见的老板，都表现出某种"无法从盒子外面思考问题"的执行技能缺陷。

3 我们如何理解思维：一场变革

从执行控制的角度来看儿童的发展现状和影响因素，是养育和教育孩子的一场革命。一旦你了解了执行大脑的重要作用，就不会再坚持原来的观点。你将不再认为智商是孩子学业能否取得成功的唯一决定因素，不再错误地将学习上出现的问题归结为缺乏努力，或者将儿童期所有类型的行为问题都笼统地诊断为注意力缺陷多动障碍（Attention Deficit Hyperactivity Disoder，简称 ADHD）。ADHD 被引入家庭教育的词典，本身就是我们看待幼儿行为方式的一种革命（而且就像多数革命一样，ADHD 也面临着质疑，不断有质疑的声音称 ADHD 并不存在）。本书并不会试图说服你 ADHD 是集体虚构出来的——它当然不是虚构的。但是，ADHD 一旦开始变成一个随意使用的术语，不仅会伤害到患有此综合征的人，而且对于很多孩子和青少年来说更是一种打击，他们在成长中遇到的困难被描述为执行功能障碍更为合适。

不幸的是，许多书里面把 ADHD 和执行功能障碍两个概念混为一谈。很明显，保持专注是一项重要的执行技能，而且从定义上看，当一个孩子有 ADHD，他也相应地会在执行技能方面面临挑战。然而，很多有执行控制缺陷的人并不存在 ADHD。这就好比如果你有一个很痛的龋洞，那么你肯定有牙齿方面的病症，但是牙齿有问题的人却不一定会牙疼。当孩子在学习上落后或者是自控能力有限时，为了能对孩子的行为有更深入的了解，我们本来可以进行更深层次的观察，但我们却反射性地将之归结为 ADHD。事情并不总是那么简单。当孩子出现问题行为或在学业上遇到困难时，父母和专家在提供帮助和解决问题方面都会感到压力。这种压力让我们在面临这些需要更多思考、寻求更有效的解决方法的问题时，更乐于接受一个简单的答案。

我们生活在一个对大脑的认识不断深入的时代。你可能经常听到诸如内啡肽、树突、多巴胺等名词，以及一系列综合征和诊断分析。人们总是对大脑感兴趣，也总是对使一个人独一无二的源头感兴趣。然而，神经心理学家已经从根本上改变了我们对它们的认识。

关于这些重大变革，我们简单地举几个例子，其中包括心理学家霍华德·加德纳的理论。他提出人们的智力有八种不同的形式，其中很多是不能够通过标准化智力测验测量的。加德纳的多元智力理论解释了人们可以通过不同的方式表现出属于自己的智慧。例如，一名运动员可能拥有很好的运动智能（对空间中身体相对位置的理解），然而一名艺术家可能有卓越的艺术/设计智能，这两种智能都是典型的智商测试无法测量的。另外一个例子是丹尼尔·戈尔曼具有较大影响力的书《情商》，这本书向我们介绍了情商在生活的很多方面带给我们的好处。他在书中描述了为什么高情商的人能够在处理人际关系和工作时拥有更为广阔的成功前景，而且用很多例子进一步证明了该理论。戈尔曼大胆地认为，当涉及与他人相处、展示自我控制以及"读懂"他人情绪时，情商比智商更为重要（实际上，戈尔曼的最新研究表明智商在人们职业成功中所起的作用只占4%～10%）。情商很快得到了组织机构的认可，并已经成为企业培训的主要内容。最近，马尔科姆·格拉德威尔的畅销书《眨眼之间：不假思索的决断力》告诉我们，最好的答案并不总是需要深思熟虑。相反，预感和直觉是帮助我们做出正确选择和更真实地感知事物的有力盟友。尽管格拉德威尔与我们刚刚提到的其他几位研究思维的心理学家相比，较少地依赖神经心理学，但是我们不可能只读他的书而不思考我们作为个体是怎样理解和感知事物的。

我们是倾向于自我反思和用科学的方式进行思考的一代人。我们心灵上的共同兴趣来自于这些直觉和价值观，并且这些兴趣会继续改变我们思考和讨论认知能力的方式。只有神经心理学可以帮助我们重新思考人类的能力，而了解执行控制八项技能的影响就是其中一次机会。

性别差异

最具挑战性的变革是我们如何理解智力与男女性别差异有关，这种性别差异已经得到了科学证明。例如，我们已经了解到，正是因为大脑发育的性别差异，在刚上小学时男孩经常落后于女孩，女孩在智力领域表现得更好。在过去的十年里，受神经发育问题影响的男孩数量急剧增加，这些问题包括不同程度的注意力缺陷多动障碍、自闭症谱系障碍、阿斯伯格综合征。是否在特定的年龄段男孩执行控制能力的发展和女孩有显著的不同？答案是肯定的。促进男孩执行控制能力发育的大脑细胞（灰质）发展的速度比较慢，这让男孩更容易出现自我控制、注意力、问题解决能力方面的问题。在这些方面性别差异是非常大的。大家可以注意这样一个现实：与十年前相比，男性申请上大学以及被录取的比例都变小了。男性的工作环境也越来越复杂。想一下，如斯多葛学派所描述的男性文化原型（比如"男人不能哭""要从痛苦中学习"），沉默、忍耐、不善交流的男性怎么能够在今天需要同时处理多重任务、更高效工作和更有时间观念的职业要求中生存？简单地说，**以指数级数发展的社会进化速度如果超过大脑运行方式改变的速度，就会导致有些人面临落后的危险。**

尽管从总体上来说，两性之间的相似点远远超过差异之处，但是从社会角度看，我们所体验到的这些差异是非常明显的。这些差异使男性和女性在喜欢做的事情、他人的期望与评价以及自我概念这些方面都有很大的不同。除了教育以外，我们有理由相信执行控制能力在男孩的社交和心理发展方面发挥着重要作用。我在自己之前的书《不善言辞的男孩：提高孩子的交际能力》中探讨过这些观点。过去许多社会科学家一直坚持社会化差异是定义男女差异的唯一理由。但现在基于大量的生物学研究得出的性别差异的生物学基础，证明了不太可能有哪一种教育对男孩和女孩而言是"同样的、最好的教育"，并且这种想法本身就是教育科学发展道路上的潜在障碍。我强烈向那些想要了解大脑性别差异重要性的人推荐伦纳德·萨克斯博士的著作《为什么性别差异很重要》。

4 "接近"和"熟悉"让微小的差异更明显

你能通过这种方式来领会人与人之间细微差别的重要意义：想象你是来自外星球的访问者，驾驶飞船徘徊在洛杉矶的高速公路上空，从千米高空向下俯视，你会看到很多红色的小汽车，它们看起来差不多同样漂亮。有些可能宽一点或长一些，有的是深红色，有的是亮红色，但是从你的角度看，这些差异微不足道。然而以一个地球人的视角来看，观点可能完全不同。难道我们大多数人不认为雷克萨斯、福特和现代在可靠性、地位和经济适用性方面有很大区别吗？一辆车在大小或颜色方面的微小差异或许可以反映出我们身份的不同。当可以选择的范围有限时，微小的差异就会被放大。人类的发展同样如此，不知道这是好事还是坏事。微小的差异构成了世界上的众多不同。更重要的是，随着距离的缩小和人与人之间的熟悉，那些差异越来越明显。这就解释了为什么我们和孩子的关系越密切，对他们的性别差异认识越清晰。

7 天 ×24 小时的一代

现在不妨花时间想一下你每天需要记住多少信息，或者你有多少时间是在同时做两件以上的事情。想想你有多努力，别人又是如何评价你的。我们的社会有多崇尚"拼命三郎"的精神？我们处于一个需要快速、灵活地思考，需要记忆大量信息，需要精力充沛，能同时处理多重任务的社会。似乎我们分配给每件事情的时间越来越少，我们的社会也越来越依赖生产力和生产效率。

精神病学家怀布罗在《美国的狂热》一书中有这样一段话：

对"梦想"的争夺需要延长工作时间，减少睡眠，拥有不寻常的能量，对金融风险有很高的承受力。想要"成功"，就要像一个大功率的发电机一样能同时带动多个电器完成多项任务。我们早起晚睡，就连吃早餐时都要听美国有线电视新闻（CNN），开车时都在打电话，因为没有一刻可以浪费。

也许你会说这是成年人的生活，并不是孩子的，但不能否认，我们的孩子就生活在这样的节奏和气氛中。成年人的价值观对孩子的生活有潜移默化的影响，不难发现许多孩子都在非常努力地想要实现自己的目标。和你们一样，我也很希望看到个人生活和工作状态的改变。为什么工作要无情地侵犯家庭生活呢？对我来说，让社会期望的"你应该是什么样的"阻碍孩子在所处的环境中获得自己的成功，这也是很不公平的。无论有意还是无意，我们已经创造了这个需要同时完成多重任务的社会，而且我们也将不得不生活在这个社会里。我所做的一切都是为了限制孩子"努力付出"的时间，为其创造更多与别人交流的机会，并腾出时间来放松。在这之前，花费些时间去了解孩子生活的世界，让他们准备好迎接挑战是值得的。与其他的个性特征相比，执行技能可以让我们更好地满足家庭、学校、社区的要求。

丹尼尔·平克在他发人深省的著作《全新思维》中指出，我们的社会在很多方面都是"多元"的——从多元文化到多媒体。平克认为，我们现在赞赏的个人是那些"跨界者"，他们能够在不同的活动或思维中轻松转换。或者说我们更需要全面发展的孩子，他们可以自信地应对各种环境，足球场、钢琴室、高考前夕或者毕业舞会。我相信大部分人都想把我们的孩子培养成这样的人。培养这些能力意味着要掌握不同角色的技能，并学会快速调整自己的想法和观点，以便实现角色的顺利转换。在一天之内，孩子需要独立工作，成为团队的一员，承担领导职能，服从领导，发言或者做一个好的听众。这种角色转换的背后需要大脑能够同时向内或向外调整注意力，引导孩子注意到是时候"跨越边界"的信号并快速做出反应。我并不是要试图打造"超级儿童"，只是想强调"能力"包括多个方面，并且人们对能力的界定在不断发生改变。

5 为什么没有人告诉我？

我希望越来越多的人能认识到，孩子命运的焦点应该是孩子的执行技能。作为父母，你或许会奇怪为什么公众对于孩子思维发展过程中如此重要的方面关注极少。事实上，执行控制能力已经引起了科学研究机构的极大重视。

但是将科学知识转换为实践应用往往存在滞后性。有时候这种滞后性主要是因为公众不愿意接受看起来复杂的新思想或新理论。我相信父母并不是对新的研究结果望而生畏，只是他们更愿意相信那些已经被广泛传播、认可，对他们有帮助的信息。

值得庆幸的是，最近神经科学研究已经能够说明在儿童和青少年时期执行大脑是如何发育的。特别是 2004 年加州大学洛杉矶分校神经影像实验室进行的一项具有划时代意义的研究，首次提供了儿童和青少年（年龄为 5～12 岁）时期大脑前额皮质如何发育的权威的脑成像证据。很多年以来，科学家一直猜想大脑前额是大脑最后成熟的一个部分，现在我们有理由认为这种猜想是正确的。加州大学洛杉矶分校的这些重要发现可以让我们明白一个人的执行大脑在青少年时期仍处在发育过程中，现在许多科学机构相信人在 20 岁时大脑仍在发育中。

判断力与年龄有关吗？

汽车保险公司降低 25 岁以上投保者的保险费绝非偶然。即使没有脑成像的研究，保险公司通过数据统计也发现了 25 岁以上的司机发生交通事故的频率大大降低，25 岁这个年龄段是执行大脑判断力发展成熟的时期。

6 什么样的大脑更高效？

当我们考虑大脑发育的时候，很自然就会想到大脑变得越来越大，但大脑发育不仅仅是大脑的尺寸变大。对于如何理解大脑发育，我们需要知道大脑皮质的灰质和白质的区别。灰质基本上由脑细胞（神经元）的细胞体构成。脑成像研究发现灰质遵循"用进废退"的规律。事实上，没有被使用的灰质在儿童成长过程中就会减少。然而没有人想让未被使用的灰质漂浮于大脑之中。理想的状态是，早期的学习和经历让灰质处于工作中，保存它们，直到成年早期为大脑的执行控制能力服务。

白质是由神经纤维组成的，被叫作轴突神经细胞，表层覆盖着髓磷脂（一种帮助神经细胞进行长距离交流的脂肪鞘）。我们感谢白质能让大脑半球与别人进行交流。8 岁之前，灰质生产的速度超过白质，但这种状况会在小学三年级时发生改变。在接下来的十年左右的时间里，拥有粗大轴突的白质生长速度反超，促使大脑内部各个部分的联结变得更加精细化。但你不应该选择让孩子吃高脂的食物来培养下一个爱因斯坦，因为髓磷脂并不是脂肪，也不来源于甜食，它是生物学过程中蛋白质合成的结果，当然它的惊人之处已经超出了这本书的研究范围。尽管孩子的大脑尺寸多少都会增加，但是影响大脑成熟最重要的因素是这些年里灰质细胞和白质细胞的成分是如何变化的。这是执行控制能力发展的生物基础，是迄今为止生物学对洞察力和判断力发育的最好解释。

明白青少年大脑发育的自然时间轴有助于调整成年人对他们的预期。我们应该如何理解一个友善的 11 岁少年，在家里自信地说着学校里发生的事情，但带回家的成绩单却一直不尽如人意呢？为什么一个 7 岁的孩子哭着跑进屋里，说朋友因为自己淘气而生气，而不管自己是否曾经承诺不再犯了？一个聪明的能自己搭建网站的青少年是否就可以顺利完成大学申请呢？作为成年人，我们对儿童和青少年会有一定的期望或预期。而我们对各种事件的决定都会有意无意地受到信念预期的影响，比如家庭里的杂务分配、公共场所的行为、学校课程的设计、开始工作的年龄、司法制度的犯罪评估等。

我们的期望经常被年龄所约束，比如萨拉处于 A 这个年龄段时，我们期望她完成 B 年龄段所能完成的事情。但在儿童期，当需要大脑执行控制能力的事件与大脑正常发展的速度相冲突时，我们应该做什么呢？我们应该用什么样的标准来区分能力缺失和能力延迟呢？

我们来想一想，学校有自己的学习进度安排，并在一段时间之后进行学习效果的检测，这种教育策略是有其原因的。只有这样，孩子才可以按要求输出信息，他们的学习进度才能被标准化测试和测量。尽管把焦点放在评估上的教育政策是出于好的意图，但对于许多大脑执行技能发展延迟的孩子来说，这样只会让他们经历挫折、否定自我。如果我们容易焦虑，在填字游戏里会表现如何呢？我猜我们的潜力不会发挥出来，因为在公众环境中我们需要自信才能表现优秀，就像我们需要执行技能才能在学业上表现优良一样。当孩子落后时，我们必须确保在采取严厉手段让他们更加努力之前明白问题的关键所在。

在这个问题上更具有启发性的一点是，我们的大脑会根据环境变化进行重塑。还记得我们之前说过的轴突吗？事实证明，接受教育可以让它们发育得更长，这会让学习变得更容易。这是许多早期教育计划的初衷。我们的推断是，在涉及学习的问题时，大脑遵循"富者更富"的规律，科学家称这一过程为表观遗传，即在不改变基因的情况下，刺激丰富的环境可以改变基因的表达，而且这种变化是可积累和可遗传的。这就是很多家庭如此关注早期的生活经历如何影响个人未来发展的原因。当我们考虑孩子的想法时，我们必须思考什么经历形成了那种想法。我们必须认识到学校本身不能提供所有的经验。大量的研究以及多年的家庭咨询经验证明，当父母以一种更有意义的形式参与孩子的教育时，效果会更好。

孩子的表现会随着环境改变

要帮助大脑执行技能比较差的孩子，首先应该承认行为表现会随环境变化而有所不同。在我的临床经验里，有的孩子很难集中注意力学习，但他在做其他事情，比如玩电子游戏或者读最喜欢的书时，却有着惊人的专注力。当我们看到这些差异时，倾向于假定这个问题与其说与天生的能力或疲惫的执行大脑有关，不如说和努力、动机不够有关。但很遗憾的是，这是我们在评价和回应孩子的表现时犯的最重要的错误。孩子会对不感兴趣的事情心不在焉，同时，他们也会完全沉浸于自己感兴趣的事情中。从逻辑出发，我们会想如果孩子的大脑不健全，他应该在各种情境下都会受到影响。这种想法对吗？并不一定。简言之，努力和厌倦是很难共存的，厌倦与执行大脑的关系就像水和火一样，当火被扑灭时，水也就消失了。而如果孩子不能集中精力做一件事情，我们几乎看不到他们的真实能力。对于这种现象一个很好的解释就是智商测试。令人非常惊奇的是，你会看到如果负责测试的人能够活跃气氛，给孩子很多表扬或鼓励，比如说："你让人感到太惊讶了，你是怎么做到的？不，我的意思是，你是怎么如此迅速地解决这个难题的？你会申请世界纪录吗？"孩子就会更加努力地去尝试并获得更好的成绩。我们常常会把孩子的不投入解释为不努力，责怪他们，而不是把任务变得更有趣一些，或给予他们更多的强化刺激。

7 我们怎么评价孩子的执行技能？

在进一步研究八大技能之前，先让我们回顾几种能够评估孩子能力的方法。尽管孩子的全部八项执行技能都受损的情况很少见，但是两三项技能发展比较缓慢的情况却比比皆是。为了更好地了解孩子执行技能的发展现状，不妨花点时间完成下一页的检查表。检查表中的项目描述了随着时间推移而发展的典型执行技能。在评价时记得参照同龄人的行为表现。例如，大部分4岁的孩子不能把自己的物品收纳得井井有条又容易取用，但很多孩子能把玩具放在适当的位置，对于东西应该放在房间的哪一个地方有一个基本的认识。这个检查表不够全面，不能替代专业评估，但它可以帮助你理解孩子执行技能的优势和面临的挑战，告诉你应该重点关注孩子的哪些能力。

执行技能检查表

和同龄人相比，孩子的执行技能水平：

发起行动	平均水平	落后
不需要催促或稍微催促，就开始做家庭作业或其他工作。	☐	☐
知道怎样设置成就目标，并且能执行自己的计划。	☐	☐
为待解决的问题制订解决方案，而不是希望问题自己消失。	☐	☐
为行动设定明确的时间（说"我会午饭后做这件事"并且真的这么做了）。	☐	☐
很少找借口逃避行动。	☐	☐
能独立进行一些自己感兴趣的业余爱好和活动。	☐	☐

思维灵活性	平均水平	落后
能多角度分析所面临的情况。	☐	☐
能够从现有的玩具和娱乐活动中获得乐趣。	☐	☐
能够适应朋友非常规的行为（贾斯汀因为生病而变得脾气暴躁）。	☐	☐
过渡期内几乎不发脾气或过度焦虑。	☐	☐
能够适应饮食和睡觉习惯的改变。	☐	☐
能适应社会团体中新伙伴的加入。	☐	☐

（续）

保持专注	平均水平	落后
能够听从包含三步以上的行为指令。	☐	☐
需要的时候能够抵制干扰。	☐	☐
能够容忍枯燥重复的活动。	☐	☐
保持足够安静，使自己的理解能力达到最优。	☐	☐
能够静下心来读书或者听别人读书。	☐	☐
不会让人感觉很轻率地匆匆结束对话。	☐	☐

计划能力	平均水平	落后
基本上都能够在要求时间内完成任务，不会出现拖延的情况。	☐	☐
能够考虑未来发生的事情，为明天或者下周的计划节省开支。	☐	☐
能够有序安排需要多个步骤才能完成的事情，比如先画好，再剪下来，然后粘贴等。	☐	☐
能够考虑到行为的后果。	☐	☐
明白事情有轻重缓急，并且知道为什么要这样区分。	☐	☐
关注那些能够影响计划的因素，比如，穿衣服之前先看天气预报。	☐	☐

组织能力	平均水平	落后
坚持把所有的家庭作业/学校通知带回家。	☐	☐
将个人物品安排得井井有条，并且方便取放。	☐	☐
能整理好个人抽屉里的物品。	☐	☐
卧室基本整洁，东西很多但不乱。	☐	☐
可以遵循步骤完成简单的料理，比如煎一个煎饼。	☐	☐
能够有效地利用书包或储物柜。	☐	☐

（续）

工作记忆	平均水平	落后
能够长时间地记忆并且在遇到新的学习问题时提取出相关信息。	☐	☐
能够记得和谈论在学校里学到的东西。	☐	☐
记得重要的日期、电话号码等。	☐	☐
能够记住事件的过程，不会在别人问起时大脑一片空白。	☐	☐
很少丢东西。	☐	☐
能够很轻松地完成"记忆任务"（例如，喂狗、每个月缴费、定闹钟）。	☐	☐

自我意识	平均水平	落后
能够注意到他人的感受，比如和同伴一起时会注意到轮流发言。	☐	☐
交谈时音量适中。	☐	☐
对"如何适应"当下情况，有直观的感觉。	☐	☐
能够建立和维持友情。	☐	☐
很少超越可接受行为的底线。	☐	☐
能够知道别人为什么会这样回应自己。	☐	☐

情绪管理	平均水平	落后
能够很快摆脱失望情绪或者从轻微的失望情绪中恢复。	☐	☐
很少对同龄人的语言或行为有过激的反应。	☐	☐
能够利用想象、推理和逻辑思维来应对逆境。	☐	☐
能够控制冲动的情绪，做出深思熟虑的决定。	☐	☐
不会因情绪而丧失逻辑思考或处理问题的能力。	☐	☐
能够用建设性的方式表达情绪从而引起同伴的积极关注。	☐	☐

如果在这个检查表中的任意一个执行技能维度下，你有三个或三个以上项目勾选了"落后"选项，就意味着你应该采取相应的措施来帮助孩子提高该领域的执行控制能力了。如果你的评级表明孩子在至少两个技能维度里有三个及以上项目存在困难，就应该让他接受进一步评估，成立由家庭、学校、有资质的专家组成的辅导小组，提供专业支持。

希望这些维度已经帮助你学会了正确地观察孩子的执行技能表现。当然，你也可以借助这个检查表来决定你要重点阅读本书的哪些章节，因为后面每一章会对应介绍检查表中的一项技能，并给出一些培养该项技能的措施和建议。

8 充满可能性的世界

儿童之间的差异是很大的，有些 6 岁的孩子在一年级时可以记住"个、十、百、千、万"五位数的排列顺序，而有些孩子直到二年级的期末才能拥有这项技能。有些 7 岁的孩子可以自己整理床铺，而有些孩子直到 18 岁还不能打扫自己的房间。有些 18 岁的孩子开车很稳，值得我们信任，而有些孩子则容易出现交通事故，违规驾驶。有些 9 岁的孩子可以和父母坐飞机去佛罗里达州，在陌生的旅馆睡得香甜，粗茶淡饭也会吃得很高兴，而有些孩子如果吃不到烤奶酪三明治或不带着最喜欢的毛绒玩具睡午觉就会崩溃大哭。

童年是个让人着迷的阶段，因为这一时期有太多的可能性。一切都尚未定型，有时候我们屏住呼吸希望孩子成为我们所期望的那样。无论我们有没有准备好，孩子都会在我们眼前长大成人。一般来讲，会有些蛛丝马迹让我们预见孩子将来会成为什么样的人。我们或许可以很自信地预测，8 岁就拥有数学天分的孩子在 40 岁时会拥有强大的分析能力；一年级时语言能力位于班级前 10% 的孩子，在他们 50 岁时依然口齿清晰。但即使这样，仍有许多未知因素会影响个体的成就，其中最主要的就是执行技能和潜能。

在这一点上，或许你会觉得就像长得漂亮、有爱我们的父母、出生在富裕的国家是一种先天优势一样，孩子与生俱来的功能良好的前额皮质能保证他们在竞争中处于优势。但这个现实并不能使我们松懈，我们应该将之作为教育子女的一个新的出发点。只要我们关心自己的孩子，我们就需要足够的方法和策略来帮助孩子获得各种思维技能，让他们获得属于自己的成功。

所以我们应该在关注执行技能这方面达成共识。在下一章里我们会重点讨论在我们生活的时代里社会怎样重新定义孩子的能力。如果我们想要看到在培养孩子能力方面的效果，必须首先确定能力最基本的表现形式。只有当我们真诚地思考能力到底是什么以及这种对能力的理解是如何形成的时，我们才能去反思理想的自我是什么样的。之所以要反思对理想自我的认识，是因为我们会再自然不过地用理想自我来要求孩子，并尽最大的努力希望孩子能成为我们理想的样子。

↓

第二章

执行技能如何影响
孩子的发展？

如果你最近购买了高科技产品，你一定会发现现在的设计倾向于多功能一体化集成。为了追求高效，大多数人更喜欢拥有一件功能齐全的超级设备。相对于同时携带着手机、照相机、录像机和平板电脑，我们更喜欢携带一台具备以上所有功能的超级机器。执行大脑从某种意义上来说也是一台超级机器，使我们及时分享信息，提高工作效率，快速应对周围的人和各种局面——至少当它运转正常时是这样的。儿童的发展一直都离不开执行大脑的八项技能的支持：发起行动、思维灵活性、保持专注、计划能力、组织能力、工作记忆、自我意识和情绪管理。在 21 世纪这些技能变得比以往任何时候都更重要了。如果这些技能没有得到充分发展，孩子会逐步拉大自己和同龄人的差距。同理心使我们站在这些孩子的立场，考虑如何能创造性地帮助这些儿童跨越障碍。在讲述细节之前，先让我们回顾一下这八大技能到底能够发挥什么样的作用——它们在儿童自我概念以及行为表现的形成上起着至关重要的作用。

在这一章中，我们会探讨执行技能是如何将儿童的潜力进行改进和培养，并将之发展成至关重要的能力的。在我阐述清楚什么样的儿童是具备这些核心能力的儿童之后——希望我可以达到这个目标——我们就可以进一步去讨论如何增强八项技能了。为了促进孩子这八项技能的发展，我们可以做很多事情，从第三章开始，我们将选择在"情境房间"中根据不同的情境制订相应的策略和计划。

现在，我们需要更深入地去了解和发现执行技能是如何影响孩子的学习成绩的。另外，我们将要讨论的核心是孩子对信息的处理速度——包括考虑多种可能、做出决定以及解决问题的速度。

心智运转的速度不一样

大部分心理学家都认同智力可以补偿能力缺陷，但是大家也有强烈的共识，认为智力和执行能力是相互独立的。

一个高智商的孩子并非一定是一个执行大脑非常活跃的人。例如，我们可以想象一个非常聪明、好奇心非常强的孩子，他可能会在专注力方面遇到麻烦。而那些需要特殊帮助的孩子在计划能力和组织能力方面出现的问题却相对比较少。关于执行技能如何影响不同类型的孩子，一个比较好的思考方法就是识别出两种心智类型，我称之为低速运转和高速运转的心智，它们都会削弱孩子的执行技能。

低速运转的心智的特征是活力和精力不足，可能看起来好像对其他事情都漠不关心。相比之下，高速运转的心智往往会过于活跃，被各种来自头脑内部和外部的信息资源和刺激连续不断地轰炸。下面是一些进一步说明这两种头脑的例子：

低速运转的心智可能是以下情况：	高速运转的心智可能是以下情况：
☐ 对学习或他人没兴趣。 ☐ 看起来不够努力。 ☐ 在集中注意力方面缺乏精力和动力。 ☐ 在促进学习的各种知识的联结方面存在困难。 ☐ 信息处理的速度过低，导致无法快速做出决定。	☐ 强迫性地思考，执着于与众不同的思维，或者创造性的新奇想法。 ☐ 当需要改变做事的方式或转移注意力时，很难及时"刹住车"。 ☐ 缺乏有条理的做事方式，容易对计划过于激动。 ☐ 感官敏感，刺激过剩。

理解了低速运转和高速运转的心智的区别之后，我们就会更清楚这些孩子克服自己的缺点、寻求技能发展可能面临的障碍。这种简单的二分法可以帮助你正确看待孩子的发展趋势和面临的挑战。尽管大多数孩子可能并不处在这两个极端，但是这两种方向提供了一种框架，帮助我们更好地为孩子提供支持和训练。一般来说，心智低速运转的孩子将会需要频繁的再唤醒和启发，过于高速运转的心智则需要使自己着眼于当下和此时此地。

1 执行技能与孩子的五大底层能力

作为人类社会的一员，我们的思维拥有共性：我们的优势通常在与同龄人的对比中被理解。小小的差异可以带来巨大的差别，特别是在高压力的情况下。孩子的心智越是能满足这些需求，他就越有可能被认为是有能力的。

"能力"这个词语，根据不同的语境，其含义会发生改变。在这里，我将回顾一些在大脑前额叶皮层的大力协助下产生的重要能力。这些能力贯穿于童年时期的许多日常生活体验中。每一种能力都离不开这八项执行技能中几种技能的推动。在某种意义上，"八大技能"是这些重要能力的组成部分。根据我在为家庭和学校提供咨询服务中获得的丰富经验，以及在儿童治疗、儿童和青少年团体咨询上花费的大量时间，阅读的无数来自同行并发表在杂志和图书上的研究，我对这些能力进行了重新定义。我所观察并学到的可以在此浓缩成五种决定性的能力：目标导向行为能力、问题解决能力、自我觉察能力、社会交往能力和一心多用能力。下面我将对每一种不可或缺的能力的属性进行详细的解释，并且帮你弄清楚如何评估一个孩子的能力发展程度。

目标导向行为能力

能力的一个基本方面是能够明确自己的目标并且为了实现自己的目标而努力——有时也涉及目标导向的思维与行动。目标导向行为能力要求人们预想一个后果或者目标，并真正地为之全力奋斗，努力去实现它。你或许感觉这听起来更像一个成年人的价值观。在某种程度上，我承认，很少有孩子喜欢有目的的行为——大部分孩子根本不懂它是什么意思。但是，在日常生活中大多数孩子至少在潜意识里有这种能力的意识，而且能频繁地评估他们目标导向的思考和行动。例如，当阿莉萨建议给被龙卷风侵袭的家庭送"爱心包裹"时，她的女童子军领导在其他女孩面前表扬了她。相反，她的妹妹经常诉苦说自己身体不舒服，这样她就可以不必去上学，而且不想去上学通常是因为她没有及时完成作业而已。压力的确让她感觉很不舒服。目标导向行为能力之所以得到人们的重视，是因为它有助于人们实现自己的目标。一个人越能快速树立好目标，他就越能快速地制订计划去达成这个目标，从而越有可能处理事情——各种各样的事情。对孩子来说，这些可能是指学着放好玩具、学拉小提琴或者开一个存款账户。

你的孩子是否在有目标地进行思考和行动？

能力发展较好的表现	能力发展不足的表现
汤米知道，如果他想看他最喜欢的电视节目，他必须先收拾好房间，所以他会问节目什么时候开始，然后提前收拾好房间。	海瑟上学期拿到 C 的成绩，这让她很烦恼，不过这学期她仍然没有按时完成作业。
阿图想进入大学学习艺术，所以他积攒作品集，在课余时间学习了艺术课程，为大学申请准备材料。	以赛亚如此着迷于电子游戏以至于晚饭前忘记了做家庭作业，所以他不得不做到很晚，第二天上学时很疲劳。
从九月份开始梅琳达每周靠照管婴儿为给家人购买圣诞节礼物攒钱，她已经列出了一个购物单并计算出了需要的金额。	凯总是抱怨妈妈不借车给他，但是他并没有按照父母的要求在购买自己的汽车之前先想办法做一份兼职工作来买保险。

有时候我们很难知道是谁在驱动着"效率列车"前进。在一期《时代》杂志上有篇文章叫《目标驱动夏令营》，重点突出了夏令营是如何为孩子做出转变的。那几天，夏令营会模拟商业行为，而不再是让孩子们围在篝火旁，参加射箭比赛或者游泳到天黑。夏令营让孩子们体验各种事情，从提升使用计算机的技巧、学习如何做一名好莱坞替身演员到成为一名秘密特工——完全没问题！毫无疑问，很多孩子会爱上这样的夏令营活动。然而，我们需要停下来考虑一下这种特殊的夏令营所隐含的信息——聚焦性地、目标导向地并且非常认真地考虑了孩子的兴趣。

正如我们所期望的，这些公认的核心价值观已经被纳入学校教育中了。和大家一样，我也发现与二三十年前的孩子相比，现在的孩子需要做更多的家庭作业。这种变化已经成为日常生活的一部分，不管是对个人还是对家庭而言。在许多家庭中，人们都比较重视亲子家庭作业时间，而且将其像晚餐和其他家庭活动一样排上日程。

由密歇根大学社会研究所进行的一项研究发现，在2005年，6~17岁的孩子比1981—1982年期间的同龄人在学校多花大约23%的时间，学习时间大概增加了51%。这让我想到可以用一句话总结孩子现在的生活——"一天的时间总是不够用"。在我们关于能力的讨论逐步深入的时

不分心 不拖延：
高效能孩子的八项思维技能（实践版）

候，请不要忘记我们不仅在讨论这些贯穿整个儿童时期的能力，我们也重点考虑了这个时代对能力提出的更高的要求。对能力的理解和要求也因背景的不同而发生了变化。比如出生地、社会经济地位甚至性别等因素都会影响父母对孩子的能力期望。在大城市长大的孩子，在最好的学校面临的成绩排名和竞争是非常激烈的，这在一定程度上也能显示出父母和孩子的能力值。有特殊需要的孩子感受到了这种压力，也感受到了同龄人的发展势头，并将自己与有其他有特殊需要的同伴进行比较。当我们考虑到能力时，我们需要注意的是，我们要对孩子的能力持有一种合理的期望，帮助孩子尽可能地达到他们所能达到的发展程度。

问题解决能力

一个优秀儿童大脑的第二个特征就是能在每天所遇到的复杂多变的情境中顺利解决问题。有的问题相对来说非常简单，比如从装满各种颜色袜子的洗衣篮里找出一双匹配的袜子。其他问题则需要更多的思考，比如如何应对被同龄人逼迫吸食毒品。还有其他问题是需要进行任务分析的，比如想办法使同学信服"我会成为一名好班长"。作为一个优秀的问题解决者，经常需要灵活思考的能力，能从不同的角度看问题。可能还会需要组织与计划、发起行动并保持足够的自觉性来确保计划执行下去的能力。如你所看到的，不同的执行技能在问题解决过程中共同起着作用。

例如，当吉娜知道她的孪生姐姐离开她时，她会感觉很无聊，情绪低落（自我意识），所以在她的姐姐要出去旅行之前，吉娜就会计划一些自己特别喜欢的事情，在姐姐不在家的时候做（解决问题）。

关于问题解决能力，有两点需要我们特别注意：第一，它能使一个孩子在独立方面有显著的进步，能够在解决相对简单的问题时较少地依赖父母的帮助；第二，问题解决能力一方面与情绪管理有很大关系，另一方面与学习如何去玩一个新玩具有同样大的关系。所以我们可以从简单的玩新玩具入手来提高个体的情绪管理和问题解决能力。

您的孩子是个优秀的问题解决者吗？

能力发展较好的表现	能力发展不足的表现
孩子是否在玩玩具或使用工具时能够发现很多新奇的玩法或新的工具使用方法。例如： 休借用钓鱼竿来取下挂在树上的玩具飞机；帕特找出旧的围巾，用来打扮自己的娃娃。	坚持处于一种消极的状态（不舒服的、排他的），而不是试着去解决问题。例如： 罗比在气温下降时并没有想着去添加一件外套；塔克一直看别人玩游戏，却没有要求参与到游戏中去。

（续）

能力发展较好的表现	能力发展不足的表现
安东尼用一种有条不紊的方式去寻找放错位置的个人物品（看一下上次看到它的位置，找找往常放置它的地方，等等）。	立刻请求或者要求别人处理自己的个人需求。洛拉会直接问妈妈自己的书包在哪里而不是自己先找一找。
亚历山德拉很愤怒，她为了让自己冷静下来，出去跑了一圈。她学会了尝试着从不同的视角看待事物。	因为下雨，徒步旅行取消了，保罗感觉很烦，烦透了。他花了半天的时间看《海绵宝宝》的重播，这让他更加狂躁不安。
得知朋友吉利安对自己有些不满意，蒂娜买了份小礼物给她并向她道歉，还邀请她一起外出来重建友谊。	梅根不是去把自己的夹克送去干洗，而是又买了一件很贵的夹克，然后他不得不向妈妈要更多的午餐费。

毫无疑问，问题解决能力让人在面对生活的突发状况时受益匪浅。当然，这种能力对个人的长期发展也是很有帮助的。比如，为了获得更多的自主权而设立不同的阶段目标。我们都希望孩子可以解决他们人生道路上所面临的一些不可避免的问题。

问题解决能力对一个 4 岁的儿童来讲可能是与同伴协商如何分享玩具，而对一个 11 岁的少年来讲则可能是如何对待一个横行霸道的同学。当青少年慢慢成长为一个成年人，我们会兴奋地看到他们可以找到工作，自己预订机票或者以文明的方式与某人告别。当大脑的处理器在发挥主导作用时，解决这些问题的步骤就会变得更加明确。也就是说，一个人知道自己需要"做什么"以及"为什么这么做"。这本质上是因果思考——一个运转良好的头脑所具有的真正价值之一。那么，怎样才能让大脑学会那种运作方式呢？其中一部分来自众多有策略的父母的教育指导，这部分内容我们会从下一章开始讨论。

自我觉察能力

从执行技能中分离出来的第三种能力是对自我的觉察。"我说的话和我的肢体语言给别人发出了什么信号呢？""我和我的同龄人有哪些相同点和不同点呢？""是什么使我与众不同呢？""哪种情况会使我焦虑，哪种情况又能让我自信呢？"这些以及其他类似的自我觉察问题帮助孩子建立起对自我的全面评估——作为一个个体，我是谁。自我觉察能力不仅可以帮你写一首好诗，还能帮助你管理自己的行为，包括做出正确的选择。这是因为有自我觉察能力的孩子至少能更客观地看待自己。他们能把自己从处境中剥离出来，使自己能够足以分析出需要说什么或做什么。自我觉察有助于完成在一天中的许多"小的选择"，比如什么时候讲话，什么时候聆听，什么时候观察，什么时候行动。自我觉察就像是一个银行，我们希望孩子在里面定期存款；他们存的钱越多，我们对他们的未来也就越有信心。

你的孩子有自我觉察能力吗?

能力发展较好的表现	能力发展不足的表现
可以清楚地断定自己是否喜欢某件事（"我想试着去滑雪，因为我喜欢滑板运动和体操运动""我不会去那里，因为我不喜欢吵闹的人群"等）。	参加与自己技能不相符的活动（16岁的萨斯奇亚崩溃了，因为没能加入唱诗班；11岁的拜伦在尝试撑竿跳时受伤了）。
懂得应该如何回应别人（"我要去看望切尔斯，因为她总能帮我振作起来""他说的关于昆虫的笑话让我很恶心"）。	很少对朋友有积极的回应（珍妮特喜欢独来独往，从不关心别的女孩的喜怒，很少和其他人沟通）。
理解别人对他的反应（"奶奶觉得我很风趣好笑，爷爷觉得我态度有问题""泰勒喜欢听我读《超人》，但是他不喜欢我读得太快"）。	不理解为什么朋友们对他感到生气（特洛伊每次输掉就会退出游戏，但是他却搞不懂为什么其他孩子不再和他玩游戏了）。
能清楚地讲述自己的个性特点（"收拾好行李能让我随时做好准备""我非常擅长玩字谜游戏""我讨厌最后一个被选择"）。	人际交流沟通有困难（打断别人，自己说个没完，忽慢别人的问题，坚持自己的话题，尽管别人感觉很无聊等）。

社会交往能力

执行技能所包含的第四种能力——社会交往能力，是与自我中心相关联的，长期以来以自我为中心被认为是儿童思维的核心特征。这一术语描述了孩子们如何普遍地专注于自己的欲望和需求（一些人可能会质疑说，对于很多成年人也是如此。没错，这些人就是我们经常所认为的行为"孩子气"的人）。大部分父母都知道，当告诉孩子一件事或一些新奇的事物时，他的第一反应很可能就是"这会对我产生什么影响？"孩子关心的多是围绕他们自身的一些活动。特别小的孩子经常沉迷于这种思维以至于容易产生幻想，比如相信他们的想象力能改变物理实体，比如"我是一个充满力量的超级英雄，怪物都不敢进入我的房间"。以自我为中心是儿童时期所具有的正常特点。在他们这样一个弱小并且不得不依赖别人的阶段，以自我为中心的思维可以帮助他们消除固有的焦虑。然而长期的以自我为中心则会导致一个人不健康的偏见和社交意识的削弱。当一个孩子的心智能力致力于自己内心的探索时，他就没有足够的精力关注外部的信息了——人际关系方面的成长就会大打折扣。

最近几年，社会交往能力的重要性已经被夸大，人们

不分心不拖延：
高效能孩子的八项思维技能（实践版）

认为它是有特殊需求的孩子严重缺失的重要能力。尤其是在孤独症研究中还特别强调了心理学家所称的"心理理论"的必要性。拥有心理理论能使一个人理解其他人的想法和意图。这对常人来讲可能很简单，但是很多有特殊需要的孩子缺乏这种理解能力；他们很不幸地并且无意识地认为每个人都和他们的想法一样。因此，感同身受的思维和行动对他们来说极其困难。可以想象，如果你不知道别人的想法，而且兴趣和感受都和你的不同，体谅别人就会变得非常困难。我们将在第八章的内容中讨论更多的思维技巧及其与孩子的发展之间的关系。

你的孩子社会交往能力发展得怎么样?

能力发展较好的表现	能力发展不足的表现
万圣节时，康纳让更小的孩子在敲门时先说"不给糖，就捣乱"。	赖安是生日派对上年龄最大、体格最壮的孩子，但是他却很难在任何一项游戏中胜出。
恩瑞克知道他离开时祖父母会想念他，所以拥抱了他们。	马修坚持以为每个人都像他一样在同一时间上床睡觉。
米歇尔知道来自工作上的压力比自己犯错误给妈妈带来的压力更大。	当艾伦给别人买礼物时，她总是买她自己喜欢的那个，从来不会考虑收礼物的那个人的想法。
苏珊娜意识到她的爸爸一直不太舒服，她给爸爸端一杯茶，爸爸就会很欣慰。	玛勒不理解为什么有的人最喜欢的颜色不是紫色。

一心多用能力

我们大部分人会认可"一心多用"是我们这个时代最流行的词语之一。当我还是一个小孩子时，人们就经常会嘲笑那些不会边走路边嚼口香糖的人。如今，我怀疑我们同样会用挑剔的眼光看那些不会边开车或边走路边打电话的人，或者不会边吃饭边付账单的人。我们之所以需要锻炼一心多用的能力，除了因为要应对各项活动之间的时间冲突，还有一点就是我们在心理上受到了一种集体无意识——时间短缺——的影响。就好像我们"理想中的"思维应该像计算机一样工作，可以同时处理各项任务进程。理想中，我们可以同时打开多个工作窗口——我们的头脑需要像我们创造的机器一样高效和多产。

这种一心多用的趋势同样影响了孩子的生活。孩子可以边看电视边穿衣服，边写研究论文边和朋友即兴聊天，一边走在学校的林荫小道上一边玩手机游戏。这些一心多用的形式反映了孩子难以抑制地对更多刺激的渴望，但它确实也有些实际作用。首当其冲的就是，一心多用有利于孩子跟上其他人的步调。你可能会持异议，认为孩子应该活出自己。大多数情况下，我不会和你争论。然而，有些情况下与他人步调一致，保持高效，能帮助孩子更好地融入群体，并且获得自信。

你的孩子可以一心多用吗?

能力发展较好的表现	能力发展不足的表现
卡亚在课堂上做手工时，能够边剪纸、粘贴边听老师的指导。他已经学会在不同的场合眼睛与耳朵并用。	在老师做示范时，费恩总是落在后边。她一会儿就看迷糊了，忘了时间，忘记了要集中精力在自己的事情上。
帕特里克和朋友打篮球时可以愉快地调侃，对他来说，聊天和运动可以同时进行。	路易斯在做体育运动时必须动作慢下来甚至要停下来才能说话，这让其他等着接球的孩子们很恼火，结果是他们对路易斯要说的话很不耐烦。
塔尼娅可以边照看小宝宝边写家庭作业，因为在她拿起电脑开始写作业之前，就把弟弟将要玩什么都事先考虑好了。她也记着写作业的同时给弟弟做口头上的检查。	查兹的妈妈让他帮着准备晚餐，做热狗。"没门!"他大声说道，"我不能，我正在晒太阳。""是，但是烤箱不是就在草坪躺椅的旁边吗?"他妈妈问道。"我才不想动呢!"查兹想。

我讨厌被打断，但是……

我们成年人特别强调生产效率，当然，这在工作场合尤为常见。最近，克莱夫·汤普森在《纽约时报》发表的文章中写道，21 世纪的工作环境中包含一系列的"暂停"和"继续"。一位研究这种情况的科学家，加利福尼亚大学欧文分校的马克，发现在工作场所人们总是被打断，真正能持续工作在一件事情上的时间平均只有 11 分钟。实际上在这 11 分钟内也可能做了三件事情，回复邮件、上网、查阅信息。每次当被打断，人们都平均需要花 25 分钟的时间重新回到这项被打断的工作上。汤普森认为，"在如今的办公室工作中，你的注意力就像蜻蜓点水一样分配给多项不相关的任务，对于每项任务，你很难找到持续集中的时间"（假设你 1 分钟能读完这一页，那么在这一过程中被打断的时间足够你读完两页）。

有意思的是，这种工作形式似乎成了我们工作的常态，被打断也成了我们工作的一部分。克莱夫·汤普森说：

当有人转发了一封紧急邮件给你时，你可能真的需要马上去看一下；在你正试着拼命去解决棘手的问题时，一个电话打乱了你，你却选择了去接，因为这通电话可能会帮助你解决你手中的困难。用"电脑社会学"的语言来说，我们如今的工作是"中断驱动"，被一件事打断也许是麻烦，但有时打断我们的那件事也许就是我们的工作。我们之所以不能忽视很多打断我们的事情，是因为这其中往往包含很多关系——一些人或一些事需要我们。这就是为什

不分心不拖延：高效能孩子的八项思维技能（实践版）
↓

么我们对现代办公室的混乱嘈杂拥有那么复杂的情感，在我们成功驾驭着这股潮流的同时，也能感觉自己几乎被它的需求和刺激压榨得筋疲力尽……它让我们感觉到自己的活力，让我们感觉自己是重要的，我们仅仅想要彼此之间联结，联结，再联结。

如果这种情况是真的——其实我认为这就是真实的情况——我们可以确定的是我们的孩子能觉察到这种节奏和速度并且会试图模仿这种工作方式，但是他们还没有形成成熟的执行控制能力来按照这种方式工作。构建一个有效率的家庭或者教室需要我们明确孩子和成年人能力上的区别。即使当我们的孩子不断地向我们保证"是的，对，真的，我都可以做到"，我们也要分辨出一种对更多刺激的渴望与一种以事实为基础的信心之间的区别。

一句话总结

不管你是否意识到，大部分成年人会积极强化与执行技能相关的行为。我们会对一个有主动性的孩子说"干得好"，我们会表扬注意力集中的小小音乐家，而且我们会为一个在关键时刻有过人判断力的十几岁孩子而自豪。反过来说，有些孩子跟不上节奏，很难具有洞察力，或者更依赖我们，超出了我们可以接受的范围，我们就会想："如果他再努力一些就好了""她看不出发生了什么事吗？"或者"为什么不能让我们做事情更有效些！动起来！"我们为什么会无意识地这么想呢？这是因为执行技能的表征看起来像人的性格特征——个人的意志力、责任心和努力。这本书的大部分内容可以帮你理顺"不能"（没办法做到）与"不想"（不愿意试着去做）的区别。

2 有特殊需要儿童的共性

如果说执行技能能影响我们对儿童的态度与评价，我们可能会想知道特殊儿童和他们的父母之间的关系如何。尽管想起或者讨论这个话题会让人感觉不是很舒服，但是孩子的表现确实会影响父母的行为，一些孩子比其他孩子更能强化父母的积极行为。例如，有的孩子很有爱心，他们就更能赢得我们的热情赞扬，另一些孩子性格比较急躁，我们就很难对他们表现出耐心。有的孩子不能满足如今日常生活对他提出的要求（或者我们对他提出的以指数级数增长的要求），他们就会让我们感觉很挫败、焦躁、失望。当我们有了或者准备领养一个孩子时（尤其是第一次），我

们自然而然地会期待他们成为下一届主席、体育明星或者
圣人。

但是，当孩子发展面临比较棘手的问题时，我们对他
的未来规划就会发生改变，这一过程对父母来说可能会比
较困难，甚至非常痛苦。特殊儿童的父母比绝大多数人更
了解耐心的重要性，更懂得内心深处的爱的表达。不可避
免地，这些父母对能力的含义也产生了不同的看法。这是
件好事，因为当我们致力于促进孩子的思想和行为发展时，
我们会将绝大多数精力放在帮助每一名儿童最大限度地发
展自己的潜力上来，而不是打造一个"完美"的儿童。即
使你的孩子所获得的成就看起来不如别的孩子那么多，但
对于你来说他已经是你的奇迹，可以使你获得所有父母所
期望的欢乐和愉悦。

对于有特殊需求的儿童，执行功能障碍可能既是导致
他们能力发展出现问题的原因，也是其能力发展不足导致
的结果。调节个人的情绪，用目标导向的思维分析问题，
放慢节奏以留有足够的时间做最好的决定，或者与他人交
往时保持洞察力，对于有特殊需要的儿童来说，这些都是
比较难、不可能自动获得的能力。

如今这种神经发展缺陷问题变得越来越普遍，更多的

人开始关注这个问题。很多学龄儿童的父母都意识到了这个现实。学校和父母聚焦这个问题，讨论可行的措施。因为即使自己的孩子没有特殊需求，他的同学中也可能有人需要特殊的帮助。你可能会回想起你自己，"我从不记得我在学校时有那么多的问题"，确实如此，卫生研究权威机构，比如疾病防治中心和世界卫生组织已经明确声明，如今神经发展缺陷的孩子所占比重越来越高，家庭、学校和社区面临着一个比较急迫的局面。那些研究健康问题起源与传播的流行病学专家已经在探究这些疾病比几十年前更为普遍的原因，但是探究的过程是缓慢的，而且非常艰难。下面列出了与执行功能障碍有关的最常见的儿童期综合征。

- 注意力缺陷/多动症：在保持注意力方面存在困难，也可能同时具有多动的特点，经常做事冲动，不安定。
- 学习障碍：在一个或多个学科领域中存在学习困难；但需要注意的是，一些非语言性的学习障碍经常诊断不出来，但是又对儿童社会能力发展产生严重的影响。
- 中枢听觉处理障碍：指个体可以听见声音，但不能够将自己听到的声音进行处理并转化成语言和文字。儿童可能会在理解声音、保存听觉记忆以及恰当的语言输出这几个方面存在困难。

- **感觉加工障碍**：这是一种神经失能，这种情况下的大脑不能对感觉信息进行正确的处理和整合，导致在感觉敏感性、动作技能、平衡性以及目标定向行为发展等方面存在问题。

- **自闭症谱系障碍**：有时也被称为"泛自闭症障碍"（PDD），这也是一种神经失能，在与人交流和发展人际关系方面非常困难。常见的症状包括强迫性思维和重复性行为，比如前后不停地摇摆。

- **阿斯伯格综合征**：一种高功能自闭症，会损害社会意识，经常导致在社会交流方面存在问题（包括对特殊的话题自言自语的倾向，并且说话语气单调），而且经常引发轻度的重复、强迫行为。

- **强迫性精神障碍**：一种焦虑性障碍，有这种障碍的个体经常会持有一些有害的和对人不利的思想，而且形成一些冲动的或仪式化的行为去预防或缓和这些思想。

- **躁郁症**：这是一种精神上的障碍，主要特点是患者的心情在抑郁和狂躁之间摇摆。在儿童中，狂躁经常表现为易怒或愤怒，比如勃然大怒或不由自主地情绪爆发。

- **对立违抗性障碍**：这是一种行为障碍，经常会和注意力缺陷多动障碍（ADHD）联系在一起。患者具有较高的敌意，尤其针对关键性的权威人物，比如父母和老师。

- 反应性依恋障碍：存在这种障碍的儿童难以形成健康的社会关系，尤其是与主要抚养人的关系。他们可能会对外人表现出自己的热情或无助，然而在家中却表现出一些明显的问题行为。这些儿童通常在童年早期遭遇过不一致的对待或虐待。

大多数有上述发展障碍的儿童并非是在执行技能的八个方面都有问题，但是他们一定会受到一种或几种能力问题的影响。研究表明，当一个人存在上述某种发展障碍时，执行控制能力的受损程度会影响到他们的症状。一个存在冲动抑制困难并存在对抗性的孩子可能不仅会与人争吵，而且可能会去放火、破坏个人财产，或者伤害自己。你相信吗？我在诊所实习期间见过三个 12 岁以下的男孩，他们都是因为玩火时太粗心一不小心把家里的房子烧了。在三个案例中，男孩都不能考虑到自己所犯下的关键错误行为所造成的结果。我想强调的是，大脑执行控制能力的损伤会使任何认知或情感障碍更难控制——不管是对于孩子还是父母。

入学准备

儿童早期需要做好入学准备以满足入学要求，这对孩子来说非常重要。在第一章，我们讨论了比较特殊的学龄前儿童在他们的各自能力发展上具有较大的差异，一方面，他们之所以比年龄较大的学生更容易被开除，是因为他们在管理情绪上存在障碍。学会调节自己的情绪，这是一种入学的必备条件。另一方面，学校会对个体的行为规范有更多要求，即使是进入幼儿园之前去的早教机构，也会要求孩子能够比在家里有更好的独立性和自我控制能力。宾夕法尼亚大学心理学教授克兰西·布莱尔曾经写道："不管是从情绪管理还是从注意调节的角度来界定自我控制……许多以自我控制能力为基础的行为和个性都与良好的学校适应相关。"

布莱尔博士进一步引用美国国家教育中心关于幼儿入园适应的调查数据，主要结果如下：

- 84%的幼儿园老师认为儿童上幼儿园之前应该能够口头表达自己的愿望、需要和想法。
- 76%的幼儿园老师认为孩子需要有热情和好奇心。

- 60%的幼儿园老师认为孩子应该能够听从指令，不破坏课堂纪律，能够对别的孩子的感受比较敏感，即理解其他孩子的感受。

与此相反，布莱尔指出：

- 只有21%的幼儿园老师认为孩子需要能够使用铅笔或画笔。
- 只有10%的幼儿园老师认为孩子在上幼儿园之前懂得几个字母很重要。
- 只有7%的幼儿园老师认为能从1数到20很重要。

这些统计数据强调了执行控制八大技能在孩子早期教育中的重要性。这些能力不仅有利于学习，而且对孩子在学校中社会交往和行为方面的良好适应同样重要。幼儿园老师的观点让我们更加明确，发展以执行技能为基础的自我控制能力比识字、数数等知识的学习更为重要。这些幼儿园老师的观点说明，事实上一个孩子有突出的自控能力可能有助于学会识别字母和数数字，反过来则不那么容易实现。即使这个小孩非常聪明，如果他的情绪情感发展得仍不成熟，且处于一种滞后的水平，就很不幸地说明他没有为适应学校环境做好充分的准备。

谁锁住了"缓冲空间"?

执行控制八大技能之所以在我们的时代显得尤为重要，一部分原因是它能够减少那些发展缓慢的孩子在发展过程中出现的偏差。有的孩子需要更多时间来达到教育和社会的要求，需要一个可以缓冲的空间。但现如今教育和社会提出的要求变得更多（有的时候表达得很微妙，有的时候又很明显），这种缓冲空间也在逐步地缩小。一位家长对我说："在克里斯托弗学校，你可以感觉到如果孩子在幼儿园没能掌握阅读技能，其他人在将来就会抢走所有的就业机会，这种情况让人感觉压力很大。"对于一些学校来讲，这种事情不需要道歉，想想纽约第一东方实验学校（First East New York Charter School），在整个七月份都开设了课程，一篇最近的文章介绍了这所学校的情形：

一些孩子面对老师坐成一排，不断练习音调或语法；另一部分学生坐在电脑旁边，通过耳机做同样的练习。教室里没有隔开不同的区域，也没有衣帽间和厨房。没有时间说话，也不能打盹或休息。每天晚上都有作业。很长时间里，孩子只能安静地坐在那里双手叠在一起——老师一直训练他们这样做。

一方面，这所学校的孩子确实成绩优秀，但另一方面，你要考虑他们付出了多大的代价。我们真的要为了训练阅读能力而牺牲幼儿玩耍游戏的时间吗？删减艺术活动的预算来建科学实验室已经让人不悦，不让 5 岁的幼儿进行表演展示，而是去教他们如何正确使用标点符号，那就更糟糕了。那些让自己的孩子进入这类成绩驱动的学校的父母毋庸置疑是有自己的理由的。在一定程度上，这完全可以理解，如果我不认同利用童年时期开发大脑的重要性，我也就不会写这本书了。童年时期的大脑非常活跃，比人生的任何其他阶段都更容易吸收新的知识。然而对于更小的孩子来说，游戏对于学习的作用和反复训练一样重要，并且作用机制不同。在面对发展缓慢的学习者时，我们更应该注意适度和弹性的重要性。给小婴儿播放莫扎特是可以接受的，但是随着学习差异的不断加大，让我们保证这些需要缓冲空间的孩子可以放慢节奏吧。

教养可以最大限度地实现潜能

由于儿童大脑具备可塑性，我们可以说执行技能和相关认知能力不只受遗传因素的影响。例如，那些平时沟通较多，并且具备丰富词汇的家庭的孩子，往往比那些较少语言熏陶家庭的孩子更容易学习语言方面的技能。或者可以说，如果在儿童成长的家庭里，交谈中经常培养孩子的联想、计划和组织等日常生活技能，鼓励反思，那么这些经历无疑会在他的思维上留下印记。

一份来自美国国家儿童健康与人类发展中心、以 700 名一年级学生为样本的统计资料显示，在学前阶段，母亲的敏感性与环境刺激的丰富性，能够有效预测小学开始阶段儿童的记忆和注意力水平。这一调查同样显示，尽管托幼机构和学校环境对于发展执行控制能力很重要，但是两者在预测儿童学业成就上都没有儿童的家庭环境更重要。

教养重要吗？

一种说法在某些有关教养的书籍当中相当流行，那就是父母对儿童的能力或者性格毫无影响。换句话说，作为他们的老师，不管我们怎样努力，怎样运用技巧，他们的结果都是相同的。但愿你能和我一样不屑于这种可笑的观点。尤其具有讽刺性的是，这些观点竟然被那些知名大学的学者所赞同。如果教师的质量无关紧要，那他们为什么要选择去哈佛？为什么有些教练不管他们教什么队伍都会培养出冠军呢？这是因为伟大的领导者（父母）可以对他们所负责的生命个体产生巨大的影响。不管面临怎样的挑战，我们都不能让目前大众对于行为遗传决定论的迷恋削弱我们对于教养力量的信仰。把它想成是打牌——一个善于观察、耐心、有策略的玩家可以打赢一手并不好的牌。

精神病学家和诺贝尔奖获得者埃里克·坎德尔曾将他的大部分职业生涯投入到研究生活经验与大脑发育的重要联系中。坎德尔明确地提出自己的主张："大脑所有的功能都容易受到社会的影响。"很明显，他已经调查过社会影响是如何与大脑区域特定神经细胞的特定基因联系在一起的。坎德尔的一项重要结论就是，人类的进化过程受文化因素的影响要远超过受生物因素的影响。这是因为我们人类有很强的学习能力，这反映在人类尤其是儿童大脑的可塑性上。

养育孩子是马拉松而非百米冲刺

尽管父母无微不至的帮助很有用，但是有时候将事情做得尽善尽美反而事倍功半。最近几年读过的有关好父母的小文章中，有一篇是心理学家大卫·安德瑞格的评论，他说："父母教养并非短期的工程，而是一场耐力的比拼。"安德瑞格认为，做要求一致的父母比做聪明的父母更重要。他的观点无疑是正确的，因为就像我们后面将要讨论的那样，重复和练习是大多数学习的主要驱动力。不幸的是，当时间有限，我们就十分容易掉进一些诱人的"陷阱"——如果我们发现了正确的方式，我们就可以用一半的时间教会他们。这在大多数情形下，对于大多数人来说都是一次令人沮丧的尝试。做有策略的教师或者父母是件有意义的事情，但是最好的策略就是将眼光放长远，保持一致性和耐心——这是我们对孩子最好的关爱。

3 让我们着手工作吧

本章我们介绍了五种能力：目标导向行为能力、问题解决能力、自我觉察能力、社会交往能力和一心多用能力。这些能力都是以执行控制八项技能为基础的，接下来我们要详细介绍这八项技能各自不同的维度以及培养的方法。我希望接下来的章节可以为你提供一种开展工作的范例，你可以根据自己的需要直接进入相应的章节。但是需要记住的是，执行控制的这八项技能是内在关联的，也就是说，你对单个技能的深入理解会加深你对执行控制整体的理解。换句话说，如果我们希望指挥我们的执行大脑，就需要了解各个参与者，而如果我们了解了每个参与者，培养孩子的执行技能也就指日可待了。

↓

第三章

技能一，发起行动：
主动开始做事的能力

　　成年人明白，学习如何"发起行动"会使人终身受益，会获得更多成就，也会赢得来自父母、老师，甚至还有老板更多的尊重。回忆一下我们在上一章讨论的第一种能力——目标导向行为能力。发起行动指的就是一个人赋予行动某种意义的方式。你有没有想过，"为什么要和他说上六遍他才会把他的球衣放一边呢？""她怎么会坐在沙发上看好几个小时的电视呢？""为什么他的朋友去上空手道课之前准备工作做得比他快得多呢？"总而言之，你都注意到了一个与发起行动相关的问题。

　　在我们进一步讨论之前，我们先来区分行动发起障碍和它的"近亲"——拖延症。拖延无法避免，因为人们总有一些事情不想去做，不管是有意识还是无意识。在这种情况下，一些需要完成的任务会引发一些相关的负面想法，比如"我不想考驾照了，因为拿到驾照之后我还得找一份工作才付得起保险"，相反，发起行动存在问题则是在你的脑海里形成一份"攻击计划"，让你放弃原有的目标。例如，"我想成为一名救生员，但每一项训练的要求都太高了，于是我就放弃了"。你能看到其中的区别吗？第一个例子的个体在试图避免令人不快的负面情绪，而后者则是在准备过程中迷失了方向——这是执行技能问题的典型表现。

是不是因为这个社会（尤其是在工作场所）倍加推崇那些早起的、狂热的、勤奋的人，所以我们才需要对那些发起行动能力低下的情况感到担心呢？当然不是。我们确实需要考虑行动的目标和意义。但是若发起行动存在问题，不仅会导致孩子落后于他人，而且还可能影响他们的自尊心，造成焦虑。我们对于发起行动的讨论是想告诉你如何通过简便可行的方法帮助孩子克服困难。我们不是在谈论参加奥运会，或是赢得全国单词拼写大赛（尽管两者都是很棒的成就）。即使在日常生活中，也会有人在发起行动方面存在困难。如果孩子过多经历此类事件，他们在碰到与"发起行动"相关的事情时就有可能会看低自己。这种信念会逐渐地从"我起步比别人慢"扩大到"其他孩子都比我好",这种信念也会导致坏习惯的形成。真的有那种天生就有惰性的人吗?还是这个问题来自于外部环境的影响?为什么有些孩子比其他孩子更易受影响?如果你想知道为什么一个孩子不会或不能"想做就做",那就接着往下读吧。

与其他技能一样,发起行动取决于多个执行技能的协调运作。例如,发起行动依赖于时间管理规划意识,并由工作记忆的激活来发动。其他技能也会根据在发起行动过程中遇到的挑战或多或少地参与进来。试想一下:你一直试图掌握制作煎蛋卷的诀窍,可是结果却差强人意。你是原料放太多了,还是煎得太快了?你的厨房很乱吗?你的注意力是不是错误地集中在蛋卷的某一个边上了?你是不是一直记不清你婆婆对煎蛋卷的口味偏好?你害怕失败吗?造成一个煎蛋卷最后变成一摊糊糊的原因不胜枚举,同理,在发起行动的路上,也有五花八门的障碍。

1 反思自己的思维

　　人脑是一个超凡的器官，能同时处理多项不同层次的任务。人脑最不可思议的能力是意识到自身的存在，也就是说我们可以反思自己的思维。这种惊人的能力能给予我们许多优势。科学界已知的拥有这种心理能力的物种只有人类，而且这种认知能力让我们具有极强的洞察力和自我认识能力。这种对思维过程的反思叫作元认知，而这只是大脑无数微能力中的一小部分。元认知对于思维活动的发动十分重要，因为单纯有好的动机并不够，我们还需要了解我们的大脑是如何权衡利弊的。这种"内部对话"在时刻上演着（包括在孩童时期），但做事主动的人更容易自我把控行动决策，因为他们更能意识到这种内在的对话。

　　这种元认知让我们能更有效地调节行为塑造的过程，尽管我们几乎察觉不到这个过程的发生。比如，想想你上次约见医生的经历。你的第一个念头可能是："都七月了，要去做今年的体检了。"下一个千分之一秒你的大脑会觉得预约花不了多少时间，但再下个千分之一秒你就会想到去看医生的种种不便。和大多数大忙人一样，你的大脑的计划清单里有很多其他事情。这段内部对话开始仅几秒之后，你的大脑就会开始开小差——"车子该去检修了，手头的项目越催越紧，玛吉的生日快要到了"。眼看着你的思维要完全跑题时，你突然意识到你的脑袋都在干什么（也许你还会意识到这种开小差也是常态）。那一刻你意识到了自己的潜意识是如何引导你逃避问题并导致时间白白流逝的，于是你内心决定，一定要着手解决这个问题——和医生预约体检。

当你在拨通医生电话号码时，你不会想到你拿起电话是刚才那一连串心理活动的作用结果，但你真该感谢你的元认知能力。要是没有这位内部医生把你的思维随时拉回正轨，你也许最后就会不断地去想工作以及所有与之有关的压力。心理压力会给发起行动的意愿和能力带来极大的障碍。压力如果过大，孩子就可能觉得这个任务是不可能完成的，从而打退堂鼓。

思维跳跃的孩子也同样脆弱。一个思维不断跳跃的人有时候是无意识的，尽管花费了大量的精力，他可能并没有完成多少东西。所以你能想象这对一个孩子来说，尤其是那些被误认为"懒惰"的孩子而言，是一件多么沮丧的事情吗？

元认知帮我们保持专注

元认知让我们时刻意识到我们的想法。它像一个"内部指导者"或内心的声音，在我们的思维偏离轨道之时及时加以提醒。元认知也会不知不觉地帮助孩子发起行动并保持注意力集中。当我们看到孩子还没完成一个活动就跳到下一个活动时，我们可以推测他们还没有进入"我在等什么？ 还是先把这件事完成吧"或者"啊，我要分心了，专心点儿"这样的元认知过程。

习得元认知能力对孩子来说尤为困难，因为他们对思维支配行动这一关系的理解无法达到成年人的程度。儿童在这一方面的心理特点往往被遗忘，但它可以解释为什么当我们让孩子说说他们的想法或行为背后的原因时（让他们联系"如何"和"为何"），得到的往往是一个白眼或耸肩。对于大多数孩子来说，一个明确的提示能让他们洞悉自己行为和思维的原因。"你是真忘了还是忙着打游戏了？""每天盯着滑板杂志看几个小时真的会妨碍你去学习一些新的技巧吗？"这样的提示强调了思想和行为之间或有或无的因果关系，是我们推进主动性的最佳办法。最后，当我们帮助孩子习得元认知能力时，我们实际上是在帮助他们摆脱自我中心主义，即认为世界是绕着他们转的。这一点我们在上一章讨论过。

搭起元认知的支架

我们可以通过教授孩子可视化策略和延迟满足来强化他们的元认知能力，并帮助其成功发起行动。可视化是明确目标的过程，它是分析任务需求的核心。当孩子要做一个项目时，起点一定是将这个项目的步骤以及项目的完成蓝图可视化（可视化不仅能提高效率，而且能确保最后的结果令人满意）。举个例子，布莱尔要为一个食品募捐活动收集罐头食品，如果他一开始就能直观地看到一个挨家挨户搜集罐头的计划，发起行动就会容易得多。另外，若他能在脑海里想象出他的劳动果实，他会更受鼓舞。一些孩子可以把语言转化成一系列具体的步骤，其他人或许就需要示意图一类的东西了。"嗨，布莱尔，我们先把步骤画好，然后你就可以按自己的喜好给这些步骤命名了。"

习得元认知的第二条重要路径是学会延迟满足。很显然，这是成长过程中最难的一步——许多人仍然在为之努力！学会延迟满足是情感成熟的关键。对儿童来说，延迟满足是在发起行动和拖延二者之间不断摇摆的一个支点。布雷特能恋恋不舍地离开游戏去遛狗吗？还是会陷入虚拟的世界，一心要摧毁屏幕上试图躲避他发射激光的外星人？特里娜最后会打扫自己的房间还是继续沉迷手机不能自拔？虽说这些选择只是人生道路上的小插曲，但正是它们表明了儿童对情绪的自我调节能力——即控制冲动的能力是如何影响行动发起的。对于受多动症或双相障碍影响的儿童来说，控制冲动通常是一件艰难的事情。

激增的需求和欲望是自律的天敌，我们要与孩子肩并肩，共同面对这些问题。我们面临的挑战是：如果我们一直对孩子抱有不正确的"需求"和"期望"，结果会使我们的生活变得乏味和充满压力，并且导致毫无意义的推卸责任。

作为成年人，我们必须小心，不要把冲动错当成态度或努力的问题。相信我，我知道这不容易，特别是当我们不认同一个孩子的选择时。你是不是很难和那些对事情轻重缓急的认识与你不同的人产生同感？你的书桌向来整洁，那你能容忍杂乱无章吗？如果你很苗条，你是不是很难理解为什么有些人对食物产生的情感依赖如此难以戒除？你是一个早起者，你是不是会看不起那些喜欢睡懒觉的人呢？当我们说别人"无原则无纪律"的时候，其实我们很难判断他人到底是对轻重缓急的认知不同，还是天生自律有问题，或者在故意捣乱。在孩子身上，问题变得更加复杂，因为我们往往很难知道某种特征是不成熟的表现还是个人差异。

延迟满足的重要性在于强调了八个认知技能是如何与情感发生紧密联系的。有些科学家将这种大脑机能称为"前馈"（feed-forward，与反馈不同，前馈发生在行为之前，而反馈则发生在行为之后）。

我们的大脑会将感性与理性联结起来

把大脑的各部分单独拿出来讨论，必然会导致我们无法完整地认识大脑并了解这个具有惊人的联结性的器官是如何工作的。前额皮质的一个关键联结是与皮层下区域（皮层灰质和白质之下深处），特别是边缘系统中的杏仁核的联结。杏仁核是处理情绪的关键。杏仁核在处理由日常经验引发的情绪时，会将信息通过神经通路传递到前额叶皮层，在那里，理智能有效地抑制情绪的冲动。这一前馈过程在我们清醒时是时刻开启的，使得情绪在八项技能的调节之下始终保持在一个稳定状态。有时，一些情绪会导致这些技能不能正常发挥作用，孩子的理性思考能力因此受到损害。你是否曾被那种说不清道不明的感觉压得透不过气来？（我们将在第九章讨论这一预期性困境）。

2 高效训练元认知

　　帮助孩子获得延迟满足能力的一个好办法是教他们如何运用自己的思维和推理技能。当我们引导孩子认识到他们的思维有不同层次时，我们就是在帮助他们掌握和运用元认知技能。当你创造性地设置一个问题场景时，你会惊讶地发现年轻人竟会拥有如此惊人的洞察力和解决问题的能力。例如，我记得有一个 14 岁的少年，他偷拿了父母的车钥匙，开着车出去兜风。结果他被抓了，要服少年缓刑，找到我来给他做咨询。在过去的几年里，我对孩子们的提问总是很直接，比如"你为什么这么做？"或者"你那个时候在想什么？"但反复试验让我明白这种方法收效甚微。这些问题太有针对性，而且有相当多的情绪因素夹杂其中。其结果是，孩子们的大脑执行控制能力被压制，随之丧失了理性推理的能力。

　　那我是怎么做的呢？

　　我说："好，想象你现在正坐在一个剧院里，看着影片中车里发生的一幕幕，就像电影里的慢镜头。剧院里鸦雀无声，只有你一个人。我想让你分析一下，为什么这个演员在做他所做的事情呢？是什么让他做出这样的选择？他在想什么？他的脑子里还有其他想法吗？他感觉到什么了吗？他是在考虑这个选择带来的后果吗？为什么不呢？好，孩子，你做得很棒。现在，让我们重播这部电影，但这次我们给它写个不同的结尾。记住，这个演员还是怀抱着强烈的感情，他知道自己想要什么，但这次他得和那个让他去开车的声音对话。他要怎么想才能做出更好的选择呢？当他真的想要一个东西的时候，他该怎么提醒自己这一点呢？好样的。那么，这个演员身上有什么可以让你借鉴到你的生活中去的呢？"

这种方法有助于让孩子将他所经历的事情客观化，从而减少激动情绪，让他们理性、深入地看待问题。没有哪种干预疗法的效果比让来访者自己解决问题更出众了。因为这种方法建立起了一个模板，让人在自己的脑海里走过，把他们的想法、感受和潜在的后果联系了起来——这就是元认知的本质。我们建立元认知的方法应由年龄、性别和境况来确定。下面这些例子将告诉你，生活中如何与孩子开展这种类型的引导性对话。

- 引导孩子进一步思考行为的原因。"你为什么突然停下练钢琴跑去给阿里打电话了？是你喜欢他，还是你对肖邦的曲子感到沮丧？"

- 以事实说明轻率行为的后果。"我知道你的小青蛙需要太多的时间来照顾，但你还记得在宠物店你是怎么吵着说不想养鱼，要养青蛙的吗？如果你用镊子给它喂蚊子，也许就不会那么恶心了。"

- 引导放慢脚步思考重要决定。"我们一起做个深呼吸，想想你面临的选择。如果你明天参加驾驶考试，早点考完早点解脱。但如果你因为训练不够而失败了，你还得再花一个多月来练习。"

- 与孩子产生情感共鸣。"我理解你很担心。毕竟这是一个大项目，很难知道如何开始。如果我帮你一起想，你会不会感觉好些？"

3 先做最重要的事

按照优先顺序做事是生活的常态。在任何特定的场景或时间范围内，总会有一些事情比其他事情更重要。然而，让问题变得棘手的是确定事件优先级的规则是不断变化的。

发起行动需要的不仅仅是"去做"，它更需要的是去做对的事。比如，在生日聚会上，蛋糕、冰激凌、礼物都很重要，但我认为大多数人都会觉得最重要的事是与其他人的互动。在科学课上，规则就不同了，专心听老师讲课，记下重要的信息以及问相关的问题比起和同学交谈（和他人进行互动）无疑要重要得多。对于优先顺序，这些不断变化的规则会让一些孩子难以把握（特别是患阿斯伯格综合征的孩子），尤其是当孩子的执行控制能力出现严重问题之时。成年人能高效地分清事情的优先顺序，并解释在不同的情况下规则是如何变化的。

优先处理的事会随着环境的变化而变化

有时候我们会这么做	但有时我们又会这么做
在自己家里，我们睡觉前洗澡，然后一起看故事书。	在外婆家，睡觉前要做祷告、唱歌，等早上起来之后再洗澡。
野营的时候，只有等到整理床铺检查通过后才能去食堂。	在家时，如果感觉早上快要赶不上公交车了，可以放学回家后再整理床铺。
做完作业可以在自习室看书，但不能和其他同学交头接耳。	妈妈说只有吃完饭才能看书，因为晚饭时间是家人交流的时间。
曲棍球教练说如果我要打中卫，我就得练习左手截球的技巧。	爸爸让我不要再练曲棍球了，因为妈妈生病了，需要我照顾。

确定优先顺序的两个障碍

如果你不知道从何做起，就很难着手去做。帮助一个在处理事情的优先顺序方面存在障碍的孩子，第一步是了解其问题的根源所在。首先，他可能存在思维组织困难。对于这样的孩子来说，混乱的思维会让他难以认识到什么才是最重要的事。这个孩子可能足够自律，但他在大量需要处理的信息中迷了路。有学习障碍的孩子特别容易受此影响，因为程序性学习对他们来说不大容易。处理事情优先顺序的第二个障碍来源于感情，它与把握好工作和娱乐之间的平衡有关。对于那些在延迟满足能力上存在困难的孩子来说，这常常是一个关键问题。这类孩子可能很专心，目标明确，但他们的目标有时无法完全满足需要。我并不是在建议让孩子一心一意只想着工作学习，只是在一些决定性时刻，选择在最后期限前完成任务或是时刻牢记自己的责任能减少许多压力。

下面这些清单可以帮你正确看待孩子在处理事情优先顺序的过程中遇到的困难。

当思维组织方面出现问题时，你的孩子：
- 缺乏逻辑顺序，做事情从中间或者最后一步开始。

- 试图同时做很多事，每件事都只做一点点。
- 没有预留足够的时间给最关键的步骤。
- 很难看到完成一个任务需要遵循的顺序。
- 一遍又一遍地犯相同类型的程序性错误。

当工作与娱乐之间的平衡出现问题时，你的孩子：

- 在工作前总是想玩。
- 工作和娱乐时展现出的能量完全不在一个水平。
- 总觉得玩尽兴之后有足够的时间来工作，实际上并没有。
- 可以很有说服力地让你相信他会在玩完之后去工作。
- 除非有人站在那里监督，否则往往抛开手头的工作或项目去玩。
- 故意"忘记"告诉你某些可能给自己造成麻烦的事件（"马特没有告诉我他把油漆弄洒了，因为他知道我会让他打扫干净"或"西西莉没告诉我要写读书报告，因为她受邀周末去参加一个聚会"）。

请记住，大多数孩子会在某些时候表现出以上的某些行为。但是当有一个强烈的特定行为模式出现时（满足列表上两个或以上的行为描述时），或者当对他的行为描述充满了绝对性话语（比如"他从未完成过一个项目"）时，就该多留点心了。换句话说，如果孩子与家人的关系紧张，学习受到影响，自尊心受挫——譬如认为"我就是不能集中注意力"，那么他的组织能力就存在问题了。如果我们能认识到这种自我概念在孩子成年后会带来什么影响，我们就不难理解教会孩子管理这种"散漫"，提高行动力是多么重要。记住，在这个阶段，他们的自我概念仍在发展中，尚未定型。

通过实例教孩子确定事情的优先顺序

假如你让你的儿子去打扫他的卧室，一个半小时后，你发现他的房间一片混乱，他正坐在书架前摆弄他的超级英雄玩具。你可以说："我知道超级英雄对你来说很重要，但现在我们假装这个房间充满了危险的陷阱，你必须清除地板上的玩具，这样才不会有人摔跤。让我们像超级英雄一样，让房间变得更安全，这样我们就可以邀请其他人来欣赏你的超级英雄展了。"如此解决问题，你不仅解释了为什么你的要求是一个优先事项，并创建了与孩子的联盟，给予了积极的鼓励（妈妈的赞美）。这些因素有助于他将新学会的知识整合到长期记忆中，成为思维模式的一部分。

当孩子没有遵循一系列行动的建议时，问题可能在于他的大脑无法很好地将你的引导系统化并将其应用到日常行为中。例如，你的女儿想给一个比赛投稿，但她仍然在大量阅读别人的诗歌，不愿意多花时间改进自己的作品。在这种情况下，给她一些开始行动的具体步骤或指南是非常有用的。这包括设定一个大的目标并把它分解成多个较小的步骤，如做一个日程表，上面规划好什么时候修改文章的哪一部分，什么时候填写比赛报名表等。在某些情况下，即使这些小步骤也需要被分解成更小的步骤。我记得有一次帮一个青年去申请参加夏令营。"首先，拿到申请资格，"我建议，"然后我们一起填表格。"我以为他知道如何拿到申请表，但我错了。第二次见面时，我看得出他因为觉得让我失望了而很不自在。"别急，"我说，"让我们弄清楚如何得到申请表。第一步先找谁？好的，那你怎么去找到营地的电话号码？当你打电话时，你会说什么？申请表发到你的邮箱之后，你怎么处理它们呢？"

请记住，小的步骤比大的步骤更容易让你行动起来。说到前进的动力，迈出第一步比你之后踏出的每一步都重要得多。对那些纠结于优先顺序的孩子来说，循序渐进地完成任务能在最大程度上减少他们的焦虑感。通俗地说，他们循序渐进地完成一个任务时，需要把后续步骤从眼前抛开。

请小步走

奎因在学习如何一步步建鸟屋的方面存在困难，但这是后院探险俱乐部的强制要求。他每次都会抓起一块块木头，笨手笨脚地摸索着如何把它们组合在一起。他感到越来越沮丧。他的父亲说："他甚至想在鸟屋建好之前就给它上漆。"但掌握了以下几点后，奎因成功了：

- 手写步骤清单，完成一项划掉一项。
- 把暂时用不着的部件单独放在一个地方（例如，在最后步骤之前把油漆放在看不到的地方）。
- 互相监督。他的妈妈也按照同样的节奏建着鸟屋，每一个步骤他们都能互相探讨。
- 强化所学知识，如让奎因口头回顾建鸟屋的步骤，他可以按此步骤建一个鸟屋送给爷爷当礼物。

当摩根的女儿艾德琳要找一份保姆的工作时，摩根也用了类似的方法。她们在卡片上写了一个非常具体的清单：1. 在网上查 YWCA（一个青年职业训练机构的相关课程）。2. 打电话给 YWCA，报名保姆培训班。3. 上课。4. 做"保姆找工作"的应聘启事，分发给图书馆等场所。摩根把所有写了步骤的卡片放在她的手提包里，只要艾德琳完成一步，摩根就会把小卡片贴在家庭公告板上，并配上一张写满鼓励话语的便条。尽管只是一小步一小步地走，艾德琳感觉她在不断进步，而且她总是知道下一步是什么。她的焦虑感得到了缓解，当她的父亲开始评论她取得的进步时，你真应该看看她自信的神情。她会说："把之后的三张卡片给我吧。我今天一定能处理完。"

要提升主动性和不断前进的动力，一个切实可行的计划显得尤为重要。一项发表在《个性与社会心理学》杂志上的研究发现，在一组青少年中，有具体实施计划的人完成的工作量是其他人的三倍。进行这项研究的心理学家得出结论："克服目标定向行为障碍的有效工具是把计划落到实处"，我相信这一概念几乎对每个人都有意义。然而，我们需要记住的是，青春期大脑的执行技能仍在发展中。为了最大限度地提高成功的可能性，开始朝着目标的方向前进，父母和教师需要帮助青少年将意念转变成一系列可行的步骤。

你不是我的老板！

我们已经看到，处理优先顺序有困难，既可以是情感的原因，也可以是思维缺乏组织能力的原因。有时你会察觉到你满脑子都是"为什么我要这样做？"的想法。这是一种拖延手段，是你装作不懂而已，而实际情况是你对一个问题的优先处理顺序已经产生了厌恶的情绪。当这种厌恶情绪在破坏你的进展时，承认这些想法能让你更好地认识到核心问题。

12 岁的戴尔不想洗家里的车，所以他在两周内都"忘了"去洗。被父母问起时，他说他在等着下雨天，这样就可以节约水资源了。戴尔的父亲轻轻点破了他的借口，说："我知道你觉得车子干不干净不重要，就像我们觉得一双125 美元的运动鞋也不重要一样。但我们没有忘记把它买下来当作你的生日礼物，我们也没有买二手的运动鞋来声称这么做环保，可以减少垃圾。如果你真的希望改善我们的环境，我们会想办法的。我们可以去洗车店，那儿的水都是循环利用的，不过你还是要做洗涤和吸尘。"戴尔羞愧地笑了，听从了父亲的意见，因为父亲让他明白，一辆干净的车对父亲来说就像他最酷的那双运动鞋对自己的意义一样——如果戴尔发现优先处理的事很烦人，他就必须诚实地对待它。

感情受挫对发起行动来说是实打实的障碍，因为它会破坏父母和孩子之间的高效联盟。维持那种联盟十分重要，因为通过它，父母可以构建一个支架，让孩子向更复杂的技能攀登，最终让孩子更独立地工作、处事。一如既往地，在口头上增加对孩子的赞赏必不可少。你可以直接表扬他，也可以和别人自豪地谈论你的孩子取得的成就（当然，你的孩子要能听到你们的对话）。无论你通过哪种方式传递信息，你的自豪感和真诚是孩子持续努力的一个重要推动力。

当我们向孩子灌输主动性的重要意义时，我们往往过分强调个人责任。在我与许多家庭打交道的时候，我注意到父亲们很容易陷入一个陷阱，即过分强调"开始做"的道德意义。父亲们经常拥有"自力更生"型思维，所以虽然我们总想为孩子做最好的打算，但在无意中反而给他们造成了压力。当孩子因为焦虑而拖延时，这个问题就显得特别重要了（有时候焦虑表现为完美主义，孩子害怕失败而停滞不前）。在几乎所有情况下，一种更合作的态度才能赢得胜利。

说"动起来吧"不只有一种方式

亚历克没有修剪草坪。

选项1：亚历克的父亲说："为什么不修剪草坪？我要提醒你几次？草都长到我的脚踝了。邻居们都会来抱怨说这里看起来像一个丛林。如果你不能把交代给你的事情做好，你在生活中怎么能成功？"父亲的态度是沮丧的、对抗的，是完全针对亚历克的。

选项2：亚历克的父亲从冰箱里拿出两瓶汽水，给亚历克一瓶，把他带到车库里。他让亚历克坐在割草机上，说："万事开头难。记得要拉出阻风门，把座椅调舒服。你打算从后面的栅栏开始还是从道上开始？这都随你，你足够大了，要学会自己做决定。"父亲的态度平静、友好，并且他相信亚历克会照做。他拍了拍亚历克的背，不断地鼓励："做得不错。"

凯丽的太阳系模型没建好，她哭了。她说她很难过。

选项1：她的妈妈陪她熬了一整夜做模型，不断呵斥着："下不为例！"第二天，凯丽一直在家睡觉，无精打采，而她的妈妈一不小心把模型摔了。

选项2：从现在开始，每一天，凯丽从学校回到家，妈妈都会打开她的书包，问凯丽每门课的作业。她们根据截止日期（分优先级）把作业分解掉，并在日历上写下完成每项作业的步骤。妈妈让凯丽给她的老师写了一张纸条，解释说她没有按时完成太阳系的模型，但上面写了将完成的日期。凯丽的妈妈说："即使琼斯老师不给你延期，这件事也是有价值的，因为它帮你创建了一个计划，有了这个计划，你以后就不会再感到这么难过了。"客观来说，基于移情的支持，再加上实用的指导，是开启行动的关键。

创造通往成功的模式

通过语言和实例来提高行动发起能力，能帮助孩子建立一个适应良好的思维模式。模式是一种模板，孩子可以反复地利用它来处理复杂的任务，做出好的选择。一个简单的可视化措施就可以创建一个像"选择"这样的模式。和年幼的孩子相处时，你可以画一个岔路口的图来解释什么是选择。"你正走在这条路上，突然间你不得不在两条路之间做出选择。你会怎么选呢？"（对于年龄较大的孩子，有时候提供三四个选项更合适。）

年轻人需要明白，他们随时都要选择前行的方向。需要强调的是，不做任何事情（站着不动）也是一个选择。说得清楚点就是，当一个人逃避去做某事的时候，他确实

也是在做出选择。大多数青少年已经能认识到不同的选择
会带来何种影响，他们也可以想象到要为自己的不作为承
担何种后果。然而，很多青少年似乎本能地认为"不作为"
是一种中性的选项（是的，我还没提交大学申请呢，那又
怎样?），而不是将其看作是一个自己主动做出的决定——
一个不采取行动的选择。而这个选择带来的后果可能是他
们不愿意看到的。

做出恰当选择的方式之一是在脑海中看到和这个选项
相关的过去的经验，并将其与另一种选择的结果相比较。
在实践中，清楚地认识到脑海中想去做的事能有效创建行
动的心理模式，并激发发起行动的动力。将模式可视化十
分重要，因为"眼见为实"。如此一来，这一系列的动作就
会显得有理或"正确"。这就是为什么孩子看到别人先开始
做某件事时，他们时常也会跟着开始。看到同伴正在做的
事情是你最近正在考虑去做的，这会让你更快地做好行动
准备。这种情况让你的选择看上去更明智了（当然孩子选
择效仿的榜样会影响最终做出哪种决策）。

我们都会在脑海里使用图像表达想法，或称之为"心
理表征"。这种方法对一些特定概念，如记忆或决策来讲是
条捷径。事实上，我们把心理表征当作对过去经验的一种
速记，也是我们在未来能做出理性选择的基础。

心理表征的应用包括：

- 想象我们如何从事体力活动。简单的例子比如在一个拥挤的商店里从这一端移动到那一端（"安德鲁，想想你的爸爸开车走左边的车道会是什么样子"），复杂的例子比如调整姿势打个全垒打。

- 想象我们在别人面前是何种姿态。比如演戏时（"我会一副无精打采的样子，以此展现我受伤了"）或请求帮助时（"我会等着轮到我，然后声音甜美地询问"）。

- 比较优劣。（"如果我先清扫前面的院子，吹到后院的树叶就会变少；如果我先清扫后院，我会扫得很快"）。

- 目标设定。（让孩子想象自己接受奖杯时的画面）。

帮孩子找到前进的方向

面对重要的决定时，将各种结果直观表现出来往往能让你做出更好的选择。甚至当孩子很明显做出了错误的选择时，我们也应该将其看作一个指导孩子理解并学习如何做决定的机会，而非一味地忧虑。例如，蒂姆现在有两个选择，一是继续参加少年橄榄球校队，二是退出校队，加入足球队。他选择了足球。他觉得踢足球更容易，而且足球运动员能得到更多的认可。但很快，蒂姆就发现足球队的训练是很艰苦的，而且外界的认可是建立在长期的出色发挥之上的。蒂姆离开了足球队，离开了那些和他交心的朋友们。他现在加入了一个新队，但他没有一个知心朋友。虽然蒂姆仍想着找到成为体育明星的捷径，他还是再次从零做起。幸运的是，蒂姆的父亲一直参与决策过程。他和蒂姆说起他自己，身为一个年轻工程师，在公司里是怎么做好本职工作的。他们讨论了哪些情况下应该坚持，哪些情况下应该"减少投入，重新开始"。蒂姆发现他父亲的生活中也都是类似的挑战，于是他的失望感立刻少了很多。

通过以下方式教授孩子如何在"岔路口"做决策：

- 清晰阐述不同的选择。当妈妈向妮娜解释溜冰与保龄球各有哪些特点时，妮娜就没那么焦虑了。这有助于妮娜根据自身利益和优势做出一个好的选择。

- 用可视化手段促进对抽象观念的理解。撒德的声音变得越来越大，终于他的爸爸意识到他是因为不知道接下来怎么做而变得烦恼。爸爸急忙抓起一个画板，说："让我们从这个角度看……"于是撒德开始在纸上画起了草图，心情也慢慢平复下来。

- 描绘可能的积极后果与消极后果。阿里在大考那天坚持不起床，说他病了，去不了学校。他的妈妈坐在他的床边，告诉他待在家里有什么好处和弊端。她用实事求是的口吻提醒阿里，他将错过学校的话剧表演，而且还得在第二天补考。她还说："你知道，如果你推迟了考试，你不仅今天会感到很糟糕，明天也是一样。你可以只紧张两个小时，也可以焦虑26个小时。"于是阿里觉得还是去学校更明智。

用语言表达

孩子除了要能以图像的方式思考，还需要用语言思考。虽然图像在某些特定情况下显得方便实用，但语言才是最能够精确把握内部状态的方式。在情感领域，语言能帮助我们认识和调节个人经验的细微差别。"如果我没有被邀请参加聚会，我会感到：震惊？失望？丢脸？释然？"虽然图像可以在我们行动或决策之时提供一个即时的基准，但通过语言我们能深入思考这些行动，希望能发现其深层含义及其带给我们的感受。

从操作层面来讲，语言也有助于孩子定义一个特定任务的步骤。艾琳不想第二天在学校里和人争吵，她就会想："我要去问安布尔，看看安妮说了什么。如果安布尔说安妮生我的气了，我就会问她这是不是安妮亲口说的。如果不是安妮说的，我就会问安布尔为什么她会这么认为。"如果艾琳在执行技能方面存在问题，她可能会更难预测不当社会行为带来的后果，也更难想到用先发制人的语言来避免对抗（这能解释为什么那些有语言障碍的儿童难以交到朋友和维系友谊）。

对于大多数孩子来说，学习和记忆一些激励性的短语或者座右铭很有帮助，能够提醒他们"先去做什么"。在我写这一章的过程中，我想通过本书表达一些非常重要的信息，这让我感到有点不知所措。但我仿佛听到我父亲的声音从童年的厨房桌子那头传来，"世事维艰，强者前行"。那时候，这些情愫或是关于学校，或是关于棒球联盟校队，但直到今天，我仍将这些话奉为圭臬。你有哪些人生座右铭或是做事的法则可以传授给你的孩子？无论是那些遭遇危机与挑战的人生经历，还是那些值得纪念的成功经验，都可以激发孩子的动机。

创建启动的脚本

- 请记住，吃零食，做作业，看电视，按顺序来。
- "有时你得从最基础的部分开始。先把地板上的东西收拾好，你的房间马上就干净了。"

4　时刻保持时间观念

　　时间存在于我们的脑海中，牛津词典已经证明了这一点。据说，"时间"是英语里最常用的名词，"人"排在第二。几乎所有人都认为时间转瞬即逝。我们很少会觉得有足够的时间去做我们认为"应该"或"需要"做的事情。现代人时间危机的复杂性远远超出了这本书的讨论范围，但从时间观念来理解个体为什么很难发起行动是有帮助的。我们经常难以意识到给出的时间是有限的，对年幼的儿童来讲更是如此。大多数 8 岁以下的孩子都很难把那些用数字和分钟表达的时间转化成更具象的东西。因此，当我们跟一个 5 岁的孩子说要在半小时后出门时，我们可能需要快速向他解释一遍，"你知道，就是两集《天才小子吉米》那么长"，或"我说的几分钟大概就是你刷牙用的时间"。

　　时间观念也受到孩子所感知到的刺激强度的影响。在孩子（包括我们一些成年人）的脑海里，经常会有"多多益善"的想法。当你的儿子被一个新的密室游戏吸引时，他很可能会玩个通宵。大多数成年人都需要借助一些心理策略帮助孩子实现从玩乐到责任的转变。例如，孩子在完成一项任务之后建立起的自豪感比起从游戏中获得的奖赏无疑要好得多，而且这是缓解无聊感的一剂良药。寻求刺激的孩子（包括成年人）在生活中的一切事情都要"找乐子"，但他们最终会发现自己变得麻木，失去了欣赏乐趣和玩乐的能力。

建立时间观念的挑战包括：

- 难以明白"时长"的概念。凯莎的父亲悄悄提醒她15分钟后上床睡觉。虽然之前父亲也都这么提醒她，但她在睡觉时间到了的时候还是感到茫然无措。

- 在娱乐和高度刺激的活动中忘记时间。伊恩的父母明知道他已经做了一个多小时的数独了，但伊恩坚持说自己才刚开始。父母打扰了他玩游戏，这让他很恼火。他的不满是因为他尚未知晓，时间的推移感会根据自己在做的事情而变化，"当我乐在其中，时间就如白驹过隙"。

- 不够活跃的工作记忆。费利西亚把她的时间都花在剪照片做拼贴画上了，当她意识到已经没有时间去整理和粘贴那些照片时，她感到十分失望。其实，她是忘记了做拼贴画所涉及的各个步骤，也忘了她母亲提醒她只有一半的时间来做拼贴画，不然就赶不上去教堂了。

一次完成"一块"事情

我们已经探讨了将任务分解成具体步骤带来的效果，时间观念也是如此，以划分的方式教给孩子，他们能理解得更好。通常这意味着留出一段特定的时间，"一大块"时间，去做一项特定的任务。分解成块的任务能让孩子把一部分特定的时间分配给这个活动，从而减轻他们的压力。他们只需在短期内记忆特定的活动或步骤，而不用同时记住好几个行动。如果你一直是在行动发起前给予孩子指导和建议，你的孩子将慢慢养成更符合你期望的高效行为模式。此外，许多家庭发现，明智地使用厨房定时器可以帮助孩子了解时间"感觉"起来是什么样的。

帮助孩子划分时间：

- 使用白板，核对睡前必做的事项或做家务的各项步骤。
- 将时钟放在显眼的位置，把步骤分解成一个个时间段。
- 口头强化时间段的概念："让我想想，我们需要5分钟的时间来清理桌子，几分钟的时间来收集冰棒棍和胶水，半小时左右的时间做一个自由女神像的模

型，还有 1 分钟用来把发光小饰物撒上去。你的同
学一定会喜欢的。"

- 鼓励孩子承担更多的责任，写下他们自己的步骤，
  并设定自己的时间表。

5 成就感——培养自尊的秘密武器

我们常常把孩子的发展视为"从内到外"的，似乎成
长的过程是一条单行道。的确，一个人的内在自我有助于
塑造他的行为，但显然，发展却会"由外及内"。我将之称
作双向性原则。这意味着一个人的自我发展和他的行为之
间的影响是双向的。一方面，我们的行为（外部）是对
"我们是谁"这一深层次问题（内部）的表达，另一方面，
我们的行为也有助于塑造我们成为什么样的人。上周，我
遇到了一个女孩，她的父母要求她在学校的社区计划中成
为领导者。她获得的成就感让她考虑竞选学生办公室的职
位。她眼睛里闪烁的光告诉我，她未来的大门已经打开。

在本章中，我们讨论了执行控制能力的发起行动技能。
我们看到了发起行动是如何给我们带来实际益处和情感利

益的。孩子在日常生活中被鼓励要有更多的主动性，于是我们很有可能看到，这些技能——即思维模式——将会趋同。因此，这些技能的运用将会变得更反射化、无意识化，这是大脑编排能力的良好体现。想要学会创造优美的曲子，你得先学会演奏音阶。构成执行控制能力的每一项技能就如同这音阶，最终引领孩子掌握全部技能。

下一章，我们将拓展到另一个执行技能——思维灵活性。像发起行动一样，执行控制能力的这一技能同样需要将各种行动的结果可视化，同时需要管理自己的情绪。因此，通常我们从孩子身上观察到的思维定式，与其说是他们无法想到另外的选项，倒不如说他们无法接受这种选择。

↓

第四章

技能二，思维灵活性：变换跑道和调整速度的能力

　　一个能够适应环境的人是会灵活应对各种麻烦的，比如家庭危机、临时改变计划，或者一系列的环境干扰。这是因为他可以转换注意力和思维节奏来处理这些干扰，即根据环境的输入调整大脑运转的速度与自己的关注点。我们常说"马上行动""驻足思考"或者"顺其自然"，这些都是关于思维灵活性的民间智慧。

　　适应周围的变化，根据需要转换注意力和思维节奏是我们在这个高度社会化、高强度互动的世界生存的基础。想想看，如果你只用一种节奏生活，或者兴趣面很窄，那么同事、朋友和家人该认为你有多么无聊。思维灵活性在

童年早期就已经发生并发展，因为孩子也需要应对环境的各种压力。然而，对一些孩子而言，适应环境变化是一件困难的事，特别是有的孩子天生要按照自己的节奏和兴趣行动。这一章会告诉你如何评估孩子的思维灵活性，如何指导孩子跨越思维灵活的障碍。本章会重点讨论思维灵活性如何影响孩子的社会交往能力（与人和谐相处），以及在具体情境当中解决问题的能力。

与人和谐相处是一种感知人与人之间言语及非言语信息交换的能力。前一分钟，我们和好朋友讨论一些重要的事情，彼此有眼神交流。后一分钟，又有两个朋友加入，其中一个给大家讲了个笑话，所有人哄堂大笑。社会交往也需要从一个情境到另一个情境的转换。一个灵活的思维就像一个通勤者一样，有时在高速车道上旅行，有时在拥堵的马路上走走停停，有时特意绕道避开突发事故。通常情况下，这一切都是自然而然就发生了，我们并没有特意关注这个过程。虽然执行技能在不断发展中，然而这种转换可不是自然而然就能轻易获得的能力。也许你的女儿不喜欢你和她一起玩的时候电话突然响起，她用尖锐的喊叫来表达她的情绪。也许你的儿子不能接受度假计划的改变，并威胁说如果不去原来计划的地方就要逃跑。不幸的是，环境变化带来的压力有时难以应对，要判断和减轻思

↓

维灵活性不高的孩子在压力下的"崩溃感"也是一件棘手的事。

从下面一些比较常见的例子中可以看到思维灵活性不够如何影响孩子个性、社会性或学业的发展：

11 岁的凯伦坚持认为一个孩子推了她的弟弟。凯伦之前这样做过：她和那个孩子面对面站着，都快鼻尖对鼻尖了，她对他说了一些难听的话，他们的矛盾不断升级。尽管母亲恳请她多些宽容，但凯伦说："绝对不行，那个孩子侮辱我们，他就应该付出代价。"

为什么凯伦如此坚持要让事情变得更糟？为什么她把发生在弟弟身上的事当作自己的事？为什么她这么难以认识到可能会有其他的解决办法？

尼尔是一个高中生。一般父母会担心他们的孩子读书不够刻苦，相反，他的父母担心他对书太痴迷。尼尔完全陷入他的阅读中，他通常无视身边的人。同学开始疏远他，称他为"书呆子"。尼尔的老师认为他在学业上有一个光明的未来，但他的父母却焦虑地认为如果他不能将自己的注意力转移到其他事情上——至少偶尔转移一下，他未来的生活将是孤独的。

尼尔关心别人怎么想吗？他为什么感觉不到他给别人的印象？他怎么才能转换他的注意焦点，让自己成为一个更友好的人？他的父母如何才能帮助他拓展兴趣，同时不打击他看书的积极性？怎样才能够让尼尔更具有思维上的灵活性？

本是一名很喜欢上学的三年级学生。老师唯一担心的是他在玩游戏后会没办法安静下来。基本上，本总想继续大声讲话，不自觉地动来动去，似乎更适合待在操场上，而不是关在教室里。因此，本经常因打扰教室秩序而被责骂。他被训斥时表现得很无辜，很受挫。

本不明白游戏结束后该冷静下来了吗？为什么他看不出来他的行为影响了其他同学和老师？这是本可能有多动症的迹象吗？有什么可以帮助本调整节奏的方法吗？

这些问题都反映了我们对缺乏思维灵活性的孩子的普遍关心。为了应对这些挑战，我们需要提供一些策略，但首先我们要更细致地分析灵活性的概念。

1 思维灵活性可以被测量吗？

心理学家测量思维灵活性有非常具体的测试。这些测试需要一个人适应各种各样的"规则"变化。例如，给孩子呈现同时包含随机排列的 24 个字母和许多数字的画面。要求他忽视数字的顺序，把字母按顺序排列。完成测试后，再要求他忽视字母的顺序，而把数字按顺序排列。第三次测试则要求他同时注意字母和数字的顺序，例如，A－1－B－2－C－3。看上去很简单，但实际却不然。这些都是定时测试，要拿到高分就必须很快地进行规则转换，同时保证准确率。

另一种更为复杂的思维灵活性测查方式是斯特鲁普色词测验。在这项测验中，给儿童呈现一系列不同颜色的单词，要求他们尽可能快地说出每个单词的颜色。例如，儿童看到"红色"这个词，但这个词是用蓝色墨水印刷的，就需要说"蓝色"。困难在于词的含义和颜色是不匹配的。几乎所有完成测试的人都大舒一口气，因为大脑需要处理这种不匹配带来的冲突。即使对成年人而言，这也是一件挑战耐心的事。完成这项测验所需的能力能够帮助我们有效地处理生活中面临的各种挑战。例如，在这项测试中表现良好的人很少被多选题中的迷惑选项所困扰，他们可以在一个气氛热烈的汽车展销会上理智地考虑汽车的实际成本，或者能够在辩论赛上清楚地记住自己的观点，而不被对手的言论左右。

临床上测量思维灵活性的方法几乎都是比较抽象的方法。尽管这样的测验会脱离儿童的真实生活情境，但所得结果却可以预测儿童在真实情境中的表现。有趣的是，这些测试中儿童的表现往往还与其创造力有关，因为具有灵活思维的个体能够给寻常物品赋予不寻常的用途（比如知道破旧谷仓的门经过修整后可以变成一个漂亮的桌面）。而关注思维新颖性的创造力测验实际测量的就是一种执行技能——思维灵活性。

思维灵活性和创造力

执行技能能够提高一个人的创造力，特别是在给日常情境赋予新意方面。一些国家对孩子的创新能力非常重视，会对孩子进行专门的创造力培养。例如，在亚洲，许多学校可谓是创造力训练营，这些学校专门锻炼孩子的适应能

力和思维灵活性。这样的学校提出了一个重要的问题：创
造力是可以培养的吗？在多大程度上是可以培养的？虽然
这个问题在很大程度上仍然悬而未决，但是引起了人们对
思维灵活性的广泛重视。你是不是更喜欢和有很多想法的
人交往？和那些能从多个角度看问题的伴侣、同事或朋友
一起解决问题是不是更容易？一般而言，有创造力的人张
弛有度，更容易和别人相处。

2 变化生活节奏的齿轮

让我们来看一下思维灵活性在节奏上的变化。我们需
要理解在情境中"低挡"（慢下来思考和行动）和"高挡"
（加速思考和行动）所带来的挑战。下面的例子将帮助你判
断你的孩子是否有节奏转换困难。和其他所有的技巧一样，
孩子的思维灵活性应该考虑年龄的差异。对 5 岁的孩子而
言，如果你因为要迟到而紧张，孩子可能无法理解，无法
加快速度（为了便于讨论，我们假定没有其他潜在的原
因）。总之，你需要将孩子的同龄人作为参照，以下这些例
子应该有助于你更好地了解孩子的需要。

降低速度	提高速度	交替变换速度
塔利亚，你没发现现在是安静时间吗？不应该在电影院一直说话的。	我们抓紧时间吧，布莱克，还有半个小时就要上课了。	我知道我们上周有时间吃薄煎饼，但是如果这周也这样，就会在足球赛上迟到。
我知道你很兴奋地想要帮助我，但是你要先穿得暖暖的才能出来堆雪人。	罗莎莉，你哥哥已经准备好装饰品了，你的糖霜做得怎么样了。	感谢你打理院子，马特。我们休息一会儿再接着做吧。
首先我们还是要祝贺其他队取得了好成绩，然后才能够大声抱怨。	帕里，我知道你想休息，但是我们得先把自行车修好。	还记得吗？爷爷希望你能够讲得慢一些，他的听力不好，但你和你表哥在一起的时候可以说得很快。

3 我们的大脑中有一个变速杆

认知神经科学家发现位于前额叶的大脑皮层是负责帮助大脑转换思维速度的。特别是前扣带回延伸到前额叶皮层的位置起着关键作用。尽管知道这些很重要，但是我们总不可能对孩子说"你的前扣带回在无视我"。我们更需要知道该如何改变孩子的状态。

调整社交节奏

值得注意的是，社交技能训练通常包括增加人际沟通的敏感度和调整对话的节奏。和你的谈话对象匹配对话节奏也是一个锻炼同理心的好方法。如果别人不给你时间回答问题就开始问下一个，你会不会感到很恼火？反之，当你很需要知道信息的时候，对方却慢慢吞吞地回答，你会不会很愤怒？当孩子没有意识到这是跟不上他人节奏的问题时，他们看上去就会显得冷漠、粗鲁，甚至是愚笨。

把一个沉浸于自我的人错认为是以自我为中心的人是一个误会。以自我为中心的人很少关心别人，甚至可能被描述为自我本位。相比之下，一个关注内心的孩子会过于沉浸在自己的想法之中，他不能放下自己在想、在做的事，也就不能注意其他人的想法。我在带社交技能团体的时候经常看到这种现象。比如说，一个孩子很难理解为什么别人并不像他那样着迷于纳斯卡赛车。他每天好几个小时都在幻想成为一名赛车手，也就无法和他人交往。正如你想象的，这样的孩子是不太合群的。

沉浸于自我	冷漠——自我本位
李是一个患有阿斯伯格综合征的孩子，他会因为忙于给自己收藏的石头做分类而忘记帮忙洗碗。	查尔斯假装他没有注意到妈妈在搬东西，因为他觉得躺在沙发上很舒服。他对自己说"这不关我的事"。
阿莱塔似乎对谈话并不专心。杰说的话让她有些分心——或许是让她回忆起了很重要的经历。	安琪和玛利亚友好地谈话，但是掩饰不了她对玛利亚所谈的事情毫无兴趣。她表达了自己的不耐烦，这让玛利亚感到尴尬。
肯特不想参与社区的扫除活动，因为他觉得大家的做法很低效。他没有意识到他拒绝参加伤害了别人的感情。	詹姆斯报名参加了社区的人文关怀项目，但他却很少出现。他的父亲试图让他平衡玩游戏和社区服务的时间，但詹姆斯反驳道："无家可归的人应该住在海滩甚至不需要房子。"

从表面来看，沉浸于自我的孩子和以自我为中心的孩子的行为表现很相似。这也说明社会交往能力是一个孩子在童年期很关键的能力。当孩子被误会时，他们需要知道别人是如何看待自己的。有时，父母会这么告诉孩子："特伦特，请慢一点，南没办法写那么快，你觉得你写这么快会让他觉得怎么样？"有时我们可能要用一些让孩子看得到的指导。我最喜欢的一个方法是向一个关注内心的孩子举起一面镜子，"你看到了一个什么样的人？"当孩子研究自

己的表情时，他们常常能够意识到他们给别人传达了怎样的信息。"我知道你会说没有人愿意成为你的朋友，但是我想知道你是否向别人表达了你想和他做朋友的想法。"

缺少灵活性会影响社会交往吗？

- **会话节奏**。一个难以跟上会话中信息交换节奏的孩子可能会感到茫然无措。相对而言，说话节奏很快的孩子可能会让其他孩子跟不上。

- **允许短暂的目光接触**。没有人喜欢被盯着，但我们需要得到足够的眼神信息让我们察觉到别人没有跟上自己的谈话。不容易换到"低档"的孩子会变得不耐烦，甚至对这个基本的社交能力不敏感。

- **耐心倾听**。除了提供良好的眼神交流外，还需要平衡听和说。不停地说可能无意中给人一种"我在舞台上，你是观众"的感觉。孩子的同伴不会长时间容忍这种行为。

让孩子去关注这些社交线索是一个巨大的挑战，尤其是在当孩子专注于自己的想法时。患有广泛性发育障碍的儿童就是很好的例子。让自闭症或阿斯伯格综合征的孩子去配合别人的节奏是一件不可能的事，甚至可能对他们造成刺激。然而学习感知和匹配沟通节奏是一个锻炼和他人建立社会联系的有效方法，也是阿斯伯格综合征患儿的需要。对有特殊需要的孩子训练这些技能需要长期坚持，往往会延伸到成年早期。不管你的孩子发展水平如何，以下的基本方法可以帮助他加强社交节奏意识。

加强社交节奏意识的方法

观察	听	问问题
注意表达：你现在说得太快还是太慢？	你听得出来她有多么沮丧吗？她看起来很生气，你是不是说得太快或者太大声了？	如果你担心自己的节奏太慢，向老师求证一下。我相信老师会赞赏你这种做法的。
他的动作好快，看上去是不是有很大压力？他的动作慢吞吞，好像有点不耐烦。	乔在微笑，说得很快——你可以看出他有多么兴奋。但是他怎么才能知道你也很兴奋？	当然可以玩一些更刺激的游戏，但是你需要和你的哥哥达成一致。
其他孩子一起玩的时候你看到了什么？他们怎么做到轮流说话的？	当一个人慌乱时别人会对他说"请冷静"，你的朋友会这么对你说吗？	如果你真的希望她知道你很不耐烦，那怎么表达才能够不伤害到她？

思考的速度是什么？

快速地想一想，如果你的朋友给你办了一场惊喜派对，你会有什么反应？你会知道该说什么，该做什么吗？一个人的"加工速度"——回忆或提取基本事实、事件的能力——对于他的适应力、思维灵活性起着重要的作用（一项测试加工速度的心理学测验要求孩子快速地说出熟悉的物品的名称，并不是让他说车、花、钟表、猫等，而是考察孩子想起这些名称的速度）。虽然加工速度往往与智商有关，但学习障碍也会造成孩子在某些领域加工速度慢（如阅读速度或语言表达速度）。很重要的是，加工速度是工作记忆能正常发挥作用的前提，也有助于个体在不同的时间框架之间过渡与转换。比如，您对孩子从画画到洗手再到穿外套应该花费多少时间有一个预期，但孩子自己对同一事件需要花费多少时间可能有完全不同的预期。

两个时间框架间的冲突是产生家庭压力的一个主要原因。增加思维灵活性不一定能完全消除矛盾，但能帮助大家理解每个人的节奏是不同的，这一点很重要。这里有几个例子说明了时间框架的冲突会如何引发矛盾。

家庭	学校	朋友
梅兰妮的姐妹们很生气，因为轮到她喂鱼的时候她忘记了。	梅兰妮在食堂买饭的时候付钱很慢，导致后边的人等了很久。她从未想过要提前把钱准备好。	梅兰妮的朋友并不常邀请她去参加集体活动，因为她总要问很多奇怪的问题。
朱利安总觉得他可以在15分钟内清理完车库，以至于到最后也没完成这项工作。	朱利安在体育课上遇到了麻烦，因为他在老师解释训练方法之前就去玩篮球了。	朱利安5分钟前把自行车借给了朋友，但是他觉得朋友应该马上还给他。因此他们大吵了一架。
妈妈向卡尔森解释了三遍应该如何分类衣物，以至于最后没有时间洗衣服了。	卡尔森不喜欢汇总自己都有哪些家庭作业，因为这让他感到很有压力。结果他的作业总是很晚才能完成。	卡尔森去朋友的生日聚会迟到了，因为他当时在看一个很喜欢的电影。朋友因此感到很失望。

为转换做准备

时间框架的冲突会导致矛盾，这让我们有更多的"待办事项"，也让原本就不够的时间更加紧张了。成年人可以帮助孩子提前对节奏转换有个心理预期，这样可以缓解因为时间框架冲突而造成的消极情绪。最简单的准备工作是在需要节奏转换前提醒孩子，理想情况下应该多提醒几次以便孩子提前过渡。这样做的好处是可以让孩子有时间来调整他们的思维，把注意力从自己身上转移到他人的需要和行为上。一些孩子特别喜欢用竞争性游戏的方法提醒他："我敢打赌我冲完燕麦片后你都没有穿好衣服。"通过这种方式，可以增加孩子的控制感，也会让孩子对转换节奏有更积极的认知。你也可以把一些卡通英雄当作榜样，例如你的孩子在看电视，你就注意一下他们最喜欢的角色的行为，孩子要穿衣服时就可以说："你想想看，超人换衣服有多快。"

请记住，我们的目标不是催促孩子做事，而是希望锻炼他们灵活调整节奏的能力。根据他人的节奏或关注点来调整自己的行为或一心多用，是家庭、学校和社区生活必不可少的能力。

重视语气的作用

问问你自己，如果刚刚和朋友大吵了一架，是不是很难迅速投入到工作中？或者上级不顾任务的难度和重要程度，催着让你快点完成，你会不会生气？推而广之，我们向孩子表达的方式也很重要。当突然或者强制性地让孩子转换速度，就很可能引发和孩子之间的冲突。如果孩子没有时间在心里去了解环境，就被迫转换他们的个人速度去适应别人，这种感觉就像是大人在拉拽他们。我们很少有人会喜欢为了别人的利益而放弃自己的事情吧？当然，作为成年人，我们也呼吁要尊重孩子的节奏，特别是语气的表达上。"克雷格，在这棵树旁再玩 5 分钟我们就必须准备去餐厅吃饭了。别担心，还有 1 分钟的时候我会提醒你"比"克雷格，亲爱的，我们得走了，从树上下来"要好得多。

帮助孩子"看到"时间的流逝

帮助孩子把抽象的时间概念具象化，是一种锻炼孩子思维灵活性很有效的方法。就像我们在前面章节中所说的那样，对你 5 岁的孩子说"在 15 分钟内准备完毕"对他而言是毫无意义的，因为他对时间没有概念。现在有一些很有创意的产品能帮助孩子将时间转化为更具象的物体，这就能让孩子更容易理解时间。我最喜欢的一个产品是时间计时器，它实际上是一个超大号的计时器，可以设置不超过 60 分钟的任意的分钟数。这个计时器的特点是计时开始时表盘对应区间会变成亮红色，随着时间消逝，这个红色区域越来越小，最后逐渐消失。通过这样的可视设备，孩子就可以更好地安排自己的活动。它能够帮助孩子把时间划分成小的时间段，每个时间段完成相应的活动，如爬楼梯、去院子玩或进浴室。虽然有点麻烦，但却值得一试。

4 学会转换频道

除了转换速度外，有时候孩子的注意点也需要转换。个人经验告诉我们，当我们自愿时，转换注意点很容易，但当别人或者外界要求我们这么做时却很困难。在一件事情上全神贯注的孩子如果被打扰，被要求关注别的事情，他肯定会感到愤怒，不管是在午饭时间、上学时或者入睡前。

在学校中会遇到两种主要的注意点转换类型：两点转换和三点转换。两点转换只是从一个点转向另一个。不管在学校还是在家里，这种转换类型是最常见的，孩子需要平衡他们的个人兴趣和他人的要求。以下是一些两点转换的例子。

我当时正在想……	现在我不得不想……
幻想一架直升机前往大楼，阻止9·11事件的发生。	帮爸爸准备野餐的餐具。
在数我储钱罐里的钱。	去归还借来的手电筒。
在画我的自画像。	为班级整理好打扫工具。
在商场找一个新的CD。	看到伊莱叔叔，向他解释今天学校放假。

　　复杂一点的情况是孩子也被要求进行三点转换，即从一个点转向另一个，然后再回到原来的关注点上，三点之中第二个注意点是分散孩子注意力的。对注意力不集中的孩子而言，挑战在于回到他原来的事情上。其实这更接近我们的生活常态——生活中经常会出现让我们分心的事。有些人可能会认为这让生活更有刺激，然而，只有当个体有自控意识、能够灵活转换注意力的时候才是这样。三点转换特别依赖工作记忆，因为孩子必须在一定时间内记得重要的信息。三点转换可能会在几秒到几分钟之间发生，以下是一些例子。

三点转换

我正在想……	突然这件事发生了……	我还得再回到原来的事情上……
我的树叶拼画。	老师给我们布置了下一次的作业。	我还需要哪些颜色的树叶。

（续）

我正在想……	突然这件事发生了……	我还得再回到原来的事情上……
做华夫饼。	妹妹把果汁洒在了我的腿上。	华夫饼已经烤了多久了。
和一个朋友聊电话。	轮到我交注册费了。	我答应麦肯待会儿再给她打回去。
有人来买饼干，我正在找零钱。	泰勒路过跟我打了声招呼。	把刚好的找零给买饼干的人。

替代性执行控制

进行成功转换的关键是保持对多个注意点的觉察。对于儿童而言，面对多种刺激时要同时保持觉察是一件困难的事。学会抑制分心是富有挑战性的，但也是自我调节的一种基本能力。替代性执行控制是训练抑制分心的有效方法。替代性执行控制包括一系列的父母和老师可以使用的促进儿童执行技能发展的措施。

替代性执行控制的基本类型：

- 提示："当……的时候我们会说什么？"
- 提醒："别忘了看一下我们的每日清单。"
- 清单："让我们写下你去露营时需要的东西。"

- 准备："在三分钟内刷好牙，我们要走了。"
- 回顾："还记得我们错过舞蹈课时发生了什么吗？"
- 彩排："让我们想想看说些什么才能向娜娜表达你的歉意。"
- 出声思维："我们先把所有的原材料拿出来，然后……"
- 确定优先级："我们应该在购物之前去遛狗，不然……"

注意，这些表达用的都是"我们"，并且涉及的是需要两个人互动的任务。所有的孩子，特别是有学习障碍的孩子能够从大人合作性的表达中获得力量。

5 在游戏中增强思维的灵活性

游戏就是孩子的工作。游戏提供了思考的情境，在这个情境中孩子可以发展适应力和思维灵活性技能。特别是像"获得执行技能""问题解决""多项任务"等游戏，在提高思维灵活性上很有帮助。还有很多方法是成年人可以用来提高思维灵活性的，你可以发挥自己的想象力。以下是一些可参考的游戏和建议。

情绪灵活性

游戏：拿一个手偶，用搞怪的声音让它看起来很友好、很高兴，然后变得有些生气。用你自己的声音说："毛毛看起来需要鼓励，你可以帮助他吗?"或者"啊哦，毛毛怎么一动不动？你可以告诉他现在要做什么吗?"（孩子喜欢让玩偶听从自己而不是成年人的指令。）大多数孩子对这种互动很感兴趣。

三点转换

游戏：邀请你的孩子完成"一心多用"任务。这项任务是要玩两个有意思的游戏，比如点头、点脚或快艇游戏，每隔一分钟就切换至另一个游戏，重复这个过程。孩子要记得这一次该轮到谁了以及要做什么。记得设置一个奖品来鼓励孩子（这个游戏依赖于孩子工作记忆的发展）。

思维换挡

游戏：红灯绿灯（红灯时不能动，绿灯时按指令做动作），或者捉迷藏（孩子需要快速跑，然后静悄悄地藏起来）。其实任何要求轮流、有时间限制的游戏都能帮助孩子学习节奏的变化。

创造性思维

活动：艺术和手工是教孩子把普通物品用于不寻常用途的好办法。大一点的孩子可能很喜欢参观艺术工作坊或者去博物馆看艺术品。在霍德岛学校的设计节上，学生们有旧物改造利用的任务，比如用光盘做裙子或者用编织袋和橡皮筋做西装。让你的孩子也用日常物品做一些可以穿在身上的东西吧，或者把家里的废品进行改造。

6 对变化的恐惧

我们一直在讨论速度和思维焦点的变化，却没说到情绪。情绪其实在认知灵活性上扮演着重要的角色。具体来讲，对一些儿童而言，应对焦虑的办法就是思维固着。有焦虑特质的儿童常常严重地依赖规则。对这些孩子来说，规则的变化会提高焦虑水平。

艾拉不想在奶奶家睡觉，可能是因为她不知道晚上是

否可以请奶奶辅导她的家庭作业。朗尼不想去一个没去过
的公园，可能是因为他不确定在那个公园里自己是否安全，
公园里的狗会不会有链子拴着，而不是到处乱跑。

我们都不想在生活中面对太多的焦虑，特别是对年幼
的孩子而言，他们应对变化所带来的焦虑的经验还十分有
限。简而言之，变化带来的焦虑经常和不知道要做什么或
者如何去做有关。对有特殊需要的孩子而言，这是尤其值
得注意的。父母可能都知道阅读障碍和数字障碍等具体的
学习障碍，但其实转换思维也是非常重要的学习技能。

如果日常生活都比较有组织、有规律，那么孩子就会
更快地具备灵活思维。这样就能够将因变化而产生的焦虑
降到最低，也让他们更容易掌控自己的思维。建议你试试
把思维转换的步骤清晰地列出来。如果孩子做得好，请给
他一些表扬同时鼓励他持之以恒。这些外部的支持有利于
孩子思维灵活性的发展。

提高思维灵活性的有效谈话方法

与其这样做	不如这样做
给你一个惊喜！我们就要飞到百慕大群岛了，我给你报名参加了滑翔伞训练营。	和孩子一起计划即将到来的家庭出游，想想有哪些有趣的事可以做。

与其这样做	不如这样做
好了，亲爱的，公交车来了。我们要在第三站下车，然后换乘 12 路车。	在上课前一天就和女儿一起坐公交车到音乐学校找到教室在哪儿。
哦，天呐，很遗憾你没被选上当音乐剧演员，你为这件事付出了这么多。你的声音也很优美，我敢说他们早就决定给高年级学生这个机会了，也许你可以自己录一个专辑小样？（这样的评论在结果出来之前还有帮助，但如果在结果发布之后，就显得有些多余了。）	你的嗓音这么优美，我觉得你有表演音乐剧的天赋，但是角色有限，高年级学生就要毕业了，这个机会对他们而言更难得。你可以看看还有没有别的可以参加的活动。

是"不能"还是"不愿意"？

　　不灵活看上去是很刻板的，有些时候确实是刻板的。不灵活也可以说是一种武断或傲慢，在成年人身上有时表现为消极反抗行为，即坚持不作为。这种坚持常常源于童年时的个性或气质，具有跨情境的一致性。总的来说，意志坚定的孩子不喜欢被要求改变方向或做出调整，特别是被要求快速调整时。如果你的孩子是这种个性，你就需要一些技巧来要求孩子合理地做出灵活调整但又不会伤害他们的自我意识。尽管这种要求看上去好像有点过于挑剔，但这很重要。一个 4 岁的孩子可能不会维护自己的权力，但是绝对有这种倾向。如果我们以权威来压制他的权力主张，就埋下了对抗的种子。我在家庭问题研讨会上花费了很多时间来处理孩子的对抗与父母的愤怒。如果一个青少年拒绝采纳别人的观点，这绝不仅仅是认知能力的问题，也与情绪的爆发有关。如果处理不好这种情绪，教育就很难见成效。

刻板也可能是一些孩子应对不可控情境的一种方式。我记得一个父母正在闹离婚的 12 岁少年。他的父母都很强势，这个孩子于是决定拒绝听从父母的任何要求，通过刻板来表达他的不满和痛苦。最开始父母对他的表现感到很困惑，然后发现他越来越难相处，这就让父母逐渐变得很愤怒。父母最终理解儿子这样做是在争取他的权力，刻板的表现帮助他专注在自己的世界里而忽视外界环境的不稳定与不安全。由这种情绪问题引发的思维不灵活，就需要从情绪入手来解决。

回顾我们讨论过的发起行动和思维灵活性这两项执行技能，你可能注意到了一些重复的主题。第一，时间观念非常重要。我们生活在一个时间被视为最宝贵资源的时代，推而广之，合理地运用时间是能力发展的基础。第二，将任务分解成有顺序的步骤，帮助孩子在每个时间单元里更专注于自己所做的事情。因为这些技能非常重要，所以被反复强调。我们的下一个话题，注意力（和注意力缺失）是大家都普遍关注的基本问题。注意力问题已经越来越严重，为什么呢？接下来，我们就切换一下思维频道，来看一下注意力问题。

↓

第五章

技能三，保持专注：把注意力集中在重要事项上的能力

在一个寒冷的早晨，马多克斯的父母和我一起穿过迷宫一样的长廊，去往学校的教务处。我们此行是为了这个精力过剩的 7 岁男孩。他难以集中注意力，易怒，精神亢奋，不能老实地待在自己的座位上，甚至有时候不能老实地待在教室里。他的父母邀请我一同参加校方的会议，跟老师沟通具体的情况，再想办法帮助马多克斯回到正轨。会议开始就直奔主题，不到几分钟所有在场的人都认为这显然就是 ADHD（注意力缺陷多动障碍，简称多动症）的症状。进一步说，这是需要药物介入治疗的问题。但是在这种情形下，我带动大家从一种更为宽泛、更有意义的"执行技能"视角来看待这一问题。从执行技能的视角出

发，马多克斯的问题是一个发展性的问题，需要充分考虑教室环境、教师教学风格以及其他影响因素的作用。我们互相分享信息，也了解到马多克斯在包含身体动作的活动中能较好地集中注意力。再向前追溯，我们也了解到他只有在老师宣布取消课间休息时才会不管不顾地自己冲出教室；另外，在他沉浸在自己感兴趣的事情时，他还是会乖乖坐在座位上的。同时我们也注意到，相比于其他多动症儿童，马多克斯具有良好的自我监控技能；他经常对同伴微笑，并且在同伴中很受欢迎；他渴望教师的认可与回应。他的父母和教师决定一起采取一些干预措施，比如给他一只带有开关的手表，让他在放学后跑跑步；允许他隔一段时间换换位子；训练他用一些可接受的动作替代不被允许的动作——"轻轻动动脚是可以的，但是不能够跺脚"。当我们花时间来了解这个男孩后，我们发现他具备基本的动机和参与能力，这些发现重塑了我们对这个孩子以及他在学校的问题行为的看法。当我们抛开多动症这一诊断标签，把马多克斯的行为视作他发展系统的一部分并且可以通过一些措施对其改变塑造时，我们的角色变得更有意义。另外，我们还为学校设计了一个几年的长期计划，我们坚信在成年人富有变通和创造性的帮助以及他自身的努力下，马多克斯一定会成功。

1 注意是执行技能的重要部分

相比于被称为"认知过程障碍"，多动症更应该被形容为"执行技能"出了问题。很多医务工作者和研究者都清楚这个用语并不准确，但是旧传统总是很难消除。多动症这个词已经变成了囊括一切执行技能所引起的行为问题的"大伞"。因为这个词语简单又好记，早已深深植入了我们的认知当中，我们不愿意轻易改变。然而，注意更应当被理解成"执行技能"的一个方面，一个至关重要的方面。注意和执行控制最基本的区别就在于后者需要一个更复杂的协作系统。例如，在电视上看动画片需要一定程度的注意力来保证跟上故事的节奏，理解主人公的行为。但是当我们在课堂教学中说"请注意"时，我们说的是一系列头脑任务（执行控制），这比简单的注意力要求高得多。这里的"请注意"要求个体主动感知正在发生的事情：记住你可能会被提问，并盘算如何应对老师的提问；当老师跑题又回来的时候，你能紧紧跟上老师在三个话题上的转换；注意老师强调的内容（有可能在下次考试中出现），将这些内容与上周学习的内容建立联系——这需要思维与记忆力相当复杂的"协作"!

即使大脑的指挥官处于清醒的状态,孩子也有可能存在"协作"的困难。例如,想象一个孩子一边敲自己的头一边说"想,想,想!"在这种情况下,他正在努力激活自己的执行控制能力,调动元认知,这些能帮助他将自己的思维整合起来。对于一些孩子来说,从认知迈向元认知十分困难,因为在后者中,思维、想法以及情绪因素更为复杂,协作是必要的。我们通常看到一些注意力不集中、容易分心的孩子在元认知的探索旅程中感到挫败,说明这并不是一件简单的事情。

2 主动分心还是抑制困难?

认识到主动分心与心理学家所说的"抑制困难"——无法排除分心刺激之间的区别是很重要的。这种区别就像是一个孩子故意心不在焉,选择性地忽视一些事情(比如他会故意装作听不见你在叫他吃晚饭,因为他还没玩够),而另一个孩子则无法区分和过滤输入的信息。当一个孩子面临抑制困难时,他的大脑要应对各种各样的刺激,却无法区分哪些刺激是无关紧要的。

达纳听教练说话时，她会被墙上的海报和体育馆里女孩们的声音所吸引。她不断地把眼神从教练身上转移到别处，最后只听到了一半的内容。达纳说："好的，我知道了。"但实际上她遗漏了很多重要信息，因为她的前额皮质在阻拦无关信息时没有很好地发挥作用。结果就是，达纳听到的教练讲的内容和她听到女孩们的闲聊差不多。

作为一个负责任的成年人，每次我们说"关掉广播，看着我，仔细听，这很重要"的时候，我们都是在培养孩子良好的抑制（抗干扰）能力。

3 专注会获得哪些回报？

执行控制的保持专注这项技能可以带来两个特别重要的好处。首先，专注有助于学习。持续的注意能够帮助我们更有效地收集并记住新信息。显然，这让一个人有更多的机会积累新知识。实质上，注意增加了孩子在"知识银行"里积累储蓄、实现潜能、增加学识的可能性。

如果吉姆和杰夫同时听一个40分钟的社会学课程，但是只有吉姆在课堂上的35分钟里都在保持高度的注意，当老师总结之前讲过的例子和内容时，吉姆是完全能理解的，他也能够在考试时从他的"知识银行"提取知识。

　　良好的注意品质带来的第二个好处经常被忽视，因为它与学业表现关联不大，更多表现在社会交往过程中。从根本上来讲，在人际交往中专注可以传递给对方你很感兴趣也很关心的信号——这是移情能力的重要内容。例如，"我会关注你的"这个表述揭示了注意是一种有价值的给予。在我的办公室里有一个巨大的红色标语（也有人说是小布告板），上面写着"时间和注意是我们可以给孩子的两个最重要的礼物。请慷慨地给予他们吧！"这个标识反映了我深刻的信仰——注意力可以被视为爱的表达。首先，这是因为注意要求投入时间和关怀——这两者是我们快节奏的现代社会的无价之宝。把你全部的注意给了某人，证明他在你的心里有一席之地。如果你曾经体会过被自己在乎的人视而不见，那你就更可以理解注意力的情感价值了。鼓励社会性注意实际上涉及共情的运用——设身处地地体会他人的感受。

4 什么是多动？

尽管我们没有单独讨论多动症，但是我们需要关注多动这一和注意力缺陷相关联的最常见的行为特质。从神经心理学的视角出发，过度活跃是由于前额叶刺激不足或者网状激活系统（神经出入大脑最重要的中转站）出现了问题。当执行技能不够活跃时，儿童通过身体运动或者触摸物体获得触觉刺激来补偿前额叶需要的刺激强度（当然这种补偿是无意识的）。当我们给予儿童精神兴奋剂类的药物治疗，这些药物能帮助儿童"启动"前额叶，改变大脑闲散的状态，从而达到有效注意的活跃水平。这时，我们就会看到孩子过度活跃的症状消失了，因为孩子不需要通过他的身体、触觉传感器来不断刺激前额叶（请注意，有关过度活跃的神经生物学机制及心理刺激的补偿作用仍在研究中）。最重要的是，给过度活跃的孩子进行刺激治疗看起来违反常识，但是我希望上面的解释可以帮助你理解药物是如何使孩子安静下来的。

尽管从脑科学的角度解释多动受到越来越多的认可，

我们也不要忘记这个问题还受到社会的影响。比较一下我们自己的童年和现在孩子的童年就可以发现，现在的孩子认为自己有权去关注那些自己感兴趣的事物，甚至会要求父母安排的事情最好符合他们的兴趣。孩子天生就有以自我为中心的倾向，很多（虽然也不是所有）孩子不能很好地平衡个人需要与对他人负责两者之间的关系。这种情况的加剧使得品行端正的孩子越来越少见，这种现象被教养方式分析学者朱迪思·华纳总结为"人们越来越关心孩子能否把事情做好，却不关心他们是否在做好事"。华纳的观点是把事情做好（学业成功）是我们的文化（指美国的文化）所倡导的，而做好事（最基本的社会文明）却相对显得不那么重要。她进一步评论道："今天的家长……主要训练他们的孩子去竞争，无论在学校还是在足球场。却不知道让孩子富有竞争力的特性往往是那些与社会文明相左的特性。"那么，降低社会期望与过度活跃之间是否有必然的联系呢？我认为是的。很多时候，我们为了让孩子配合我们做我们期望他做的事情，一直用尽各种方法使他们产生并保持兴趣。适当的刺激就可以让我们满足吗？还是我们一直在增加刺激的强度，让孩子需要越来越多的刺激？很多成年人，包括我自己，都想知道这个循环会不会持续下去。

5 多动和冲动密不可分

　　显然，多动经常和它的兄弟——冲动一同出现。尽管我们试图在行为层面描述这两种表现，一些科学家却建议我们从更为广泛的层面考虑多动与冲动。在 20 世纪 60 年代末期，研究者、理论家雅各布·布朗劳斯基提出了人类执行大脑的独特性。当代著名的心理学家、多动症专家拉塞尔·巴克利又重新唤起了大家对布朗劳斯基理论的热情。布朗劳斯基强调，将人类从动物中区分出来的根本特征就是人类具备延迟回应的能力。也就是说，人类可以有意识地抑制对刺激的反射性反应，可以在接收到刺激信号后给自己时间思考和计划怎么去回应，这种延迟回应的能力是人和动物的根本区别。反应与回应的区别在于反应是自动化的、反射性的，而回应是需要执行技能参与协调的。延迟回应的价值无须多言，举个例子，想想我们被一个大块头挑衅、被楼下的奇怪声响吓了一跳，或者当我们在高速公路上开车时突然发现车里有一只蜜蜂，这时如果我们能深思熟虑而不是冲动行事，结果是不是会更好些。

现代生活的快节奏和几乎不间断的刺激，尤其是科技进步带来的各种刺激，让人们变得很容易冲动。例如，我们的刹车和方向盘非常敏感，带来的结果就是我们感觉自己可以更快更随意地驾驶，同时还能保证安全。所有的电子设备可以在眨眼之间传送和运用信息。最初好像是我们想要科技产品追上我们思考的速度，但是不知从什么时候开始，科技开始反过来决定我们应该以什么样的速度思考，我们需要同时注意多少信息？在青年人的流行文化中，你也不难发现这种趋势。你注意到畅销的儿童读物都在追求多媒体效应吗？文字被分成一块一块的，散落在书页的各个角落，花花绿绿的颜色无时不在吸引着孩子的注意。这种图文设计活生生就是"纸上的多动症"——毫无逻辑、片段化、充满过度刺激——也许这正是我们的思维特征。

注意力的三个维度

为了更好地理解孩子面临的挑战，我们需要关注注意力的三个维度：长度（注意力的持续）、广度（注意的范围）以及深度（注意的一致性）。通常情况下，任何工作都需要以上三个维度的协调。正如前面多次提到的，评估儿童的注意力问题时要有年龄参照。在本章后面的内容中我们还将讨论学校对不同年龄段儿童注意品质的要求。

长度——注意时间是否足够长?

注意力维持的时间通常是变化不定的，关键是看在面对手头的任务时，个体能否保持足够长的有效注意力，例如，能保持注意直到听完老师的讲解。注意力可以作为衡量儿童是否能忍受无聊的指标，这很重要，因为很多事情不是一下子就能学会的。有时候我们需要忍受无聊、重复的工作，比如学习乘法表、练习钢琴，或者背台词。注意力同样能够反映儿童抵制诱惑的能力，例如在晚饭的香味已经从厨房飘了出来，或者家里的宠物狗想要玩一会儿时，依然能将注意力集中在象棋比赛上。

如前所述，持续的注意力有助于知识的积累。一个孩子能够在学习材料上保持专注的时间越长，这些信息越有可能进入他的长时记忆。在长时记忆中，这些信息就可以被称为知识，并且在未来需要时随时提取。从细胞角度来讲，长时间的注意能使体内的酶活跃起来，在脑细胞中生成更多蛋白质，并且帮助脑细胞彼此间形成网络联结——这是学习的神经生物基础。

下面给出了一些不同情境下难以保持专注的例子，你身边有类似的情况吗?

家庭	学校
	波开始阅读了，但他很难保持专注，因此他根本不知道自己到底在读什么。他的内心独白可能是这样的： ——"保罗·瑞文……" ——我听说过这个。 ——我希望我有一匹马。 ——"英国人要来了……" ——妈妈给我准备了什么午饭？ ——"从陆路来一个……" ——基尼的头顶上有一只苍蝇。 ——"从海路来了三个……"
艾丽之前一直在认真做作业，但是当哥哥和朋友们回家之后她开始抱怨说，自己无法集中精力。尽管哥哥和朋友只是在聊天，而且关着门，她依然能听到声音。	
泰练习 20 分钟左右的电吉他之后就坐不住了，开始转向另一个活动，估计他想要成为乐队成员的梦想不大可能实现了。	琳赛对女儿很失望，本以为艺术特长可以弥补女儿学业不佳的弱势，但实际情况是女儿在艺术课上表现也很差。老师对她说："你的女儿有天赋，但是我们在教一些材料和技法的时候她总是无法保持专注。"
鲁比正在和妈妈展开一次严肃的谈话，但是鲁比走神了。她的妈妈不知道是不是自己说错了什么，还是她觉得无聊了。"总是很难和她沟通。"她的妈妈抱怨道。	"你好！把球传给卢卡，把球传给卢卡，我们还没有结束，"卢卡的体育教师戏谑地说："如果你的心思根本不在这里，我不可能教会你打篮球。"
卡梅伦正在听爸爸谈起建一间树屋的构想，但是当他们抬头看向树屋的位置时，他的思绪被天上的白云吸引住了。	谢尔比在网上查资料时不自觉地就去点许多超链接，以至于他没有注意完成报告的时间已经过了，而且同学们都已经离开了图书馆。

广度——调整注意的边界

聚焦（focus）和集中注意力（concentration）经常被混用，就好像这两个词是等价的。然而，集中注意力和时间（注意的长度）有关，而聚焦则与空间（注意的范围）有关。聚焦就像是相机的可伸缩镜头，你可以根据你喜欢的范围来调整镜头以拍摄不同的场景。当你想要拍摄一个花的近景，你的兴趣范围很小。当你尝试拍摄一座山峰的全景，你的兴趣范围扩大了。执行技能也具备这种调节注意范围的能力：劳伦可以"缩小"注意，在一大堆活页纸中找到记作业的那张纸而不被其他东西吸引；洛根可以"放大"注意，在他想要击球的时候注意到一个接球员倒下了。

问题的关键在于孩子需要知道他的注意范围应该多大或者多小，即多少信息需要被注意，然后进入他的视觉和听觉系统。能够调整注意的广度意味着不会加工无用的信息或者漏掉一些关键信息而导致错误的决定或判断。执行技能的注意能力在生活中的许多方面都非常有用，也是决定个人能力的关键因素。注意调整的困难会影响一些基本能力的发挥，请看下面的这些例子。

问题解决	自我控制	社会交往
诺兰一直在桌子上寻找丢失的拼图，从没想过看一下是否掉在了椅子上或者地板上。	当老师要求德文不要打响指时，他很不高兴。"真不知道外面天气这么好，他怎么还会注意到我的小动作。好吧，今年又要被老师当成班里的'麻烦分子'了"。	野餐之后，艾丽西亚想到要向克莱尔阿姨问好，但是她没有意识到其他阿姨也在等着她问好。这些阿姨很受伤，不知道艾丽西亚是不是故意无视她们。
布莱恩花了四个小时在网上买生日礼物，他根本没有想到要按价格或类别来缩小搜索的范围。	杰克这一次能够利用手臂平举向前看齐了，但是他没注意到站在自己前面的孩子向前移动了。	"吉赛尔，如果你放慢一点速度，你就会发现一些孩子还不知道怎么玩儿这个游戏呢。你看到他们的表情了吗？"

深度——保持注意的一致性

除了有足够的注意时间和正确的注意范围，注意力还需要有一致性。限制注意力的变化（时间和范围），不飘忽不定，才能让思维和注意保持同步。例如，对于大多数人来说，阅读比玩抓人游戏对深度注意有更高的要求。而阅读电子和质子的区别比阅读超人故事更需要持续的注意力。在"轻阅读"中，我们可以时不时走神，但仍能抓住故事的核心内容。

一项有名的评估注意力的心理学实验（注意转换实验）要求孩子在电脑屏幕上追踪一些几何图形，当他们看到"目标"时就点击按钮，如果是"非目标"就忽视。不像其他的电子游戏，大多数孩子都认为这个重复的工作很无聊，然而这就是设计这个测验的初衷。测验的目的就是要看一个人在自己不感兴趣的工作上是否能持续投入注意力。这个测验用四个指标来衡量注意力：第一，孩子是集中注意力保持专注，还是走神错过目标？第二，孩子是不是十分冲动，在看到"非目标"时也点击按钮导致错误率提高？第三，孩子的反应时间是否在正常可接受的范围内，是否与智商相关？最后，孩子是否在有些时候反应很快但有时候又很慢（注意力缺乏一致性）？发明这一测试的心理学家发现，相比于其他三个指标，一个人在测验中的一致性程度（第四个指标）对于注意力缺陷问题有更强的预测性。

保持一致的注意力的好处远远不只是在注意力测验中获得一个好成绩。当注意力的一致性出了问题，通常会导致冲动或者对高刺激强度的偏好。下面的例子解释了一致性与非一致性注意力的区别，非一致性注意力经常受冲动的影响。

一致	不一致
娜塔莉如此受欢迎的一个原因就是她从不在朋友说话时打断他们，并且能够记住他们说了什么。"她让你感觉到很特别，因为她一直关注着你，"她的一个朋友说："她真的在关心你。"	利兰是辩论队的一员。当对手说了一些话让他迫切想反击的时候，他就十分兴奋地想着要如何驳倒对方，而没有听清楚对手后面说了哪些更重要的内容。结果就是他错过了一些细节，而这些细节对于他驳倒对方更有帮助。
哈维尔，你真是太了不起了！你怎么能在马上要结束时还保持注意力呢？在距离比赛结束只有 2 秒钟的时候完成三连射，真是太不可思议了。	西尼在停车时不小心撞上了消防栓。她本来一直保持着高度注意，直到她发现路对面的一个朋友在向她挥手。
托马斯能够坐下来听完整个故事，并且可以给他妈妈讲当天在幼儿园的"圆圈时间"发生了什么。	麦琪和妹妹约好了一起玩钓鱼游戏，但是她只能坚持几分钟，因为满屋子的玩具实在是太诱人了。

提升注意力的措施

- 一起做一件事，示范如何抑制下一个活动的诱惑来保持注意力。"我已经等不及想去骑自行车了，但是我们应该先完成这些海报。我打赌如果我们今天完成了这些，明天去二手市场卖东西时我们会很开心的。"

- 遵守"如果没有坏，就不要修"的原则。如果你的孩子正玩得高兴，不要因为你想出了一个新的游戏就打扰他的注意力。（第一次做父母的要注意）一次只玩一个玩具，一种游戏，一个活动。

- 语言提示将注意力放在正确的目标上。"在去玩具店的路上，我们要路过比萨店、酒店和商场，我们能把注意力放在玩具店上吗？"

- 如果有帮助，让孩子关注"大局"。"伙计，你刚才的冲浪太帅了，但是你没有注意到一个巨浪差点打翻你吧。记得要'警觉'一点，这样才能顺利迎接下一次冲浪。"

- 用真实的例子强调保持一致性注意的意义。"你更想要一个一直关注水里人安全的救生员呢，还是想要一个看 5 分钟水面然后再看 5 分钟沙滩飞盘的救生员呢？当然，当你注意的时候是没什么事的，但是当你不注意的时候事情就麻烦了。"

解释"为什么"

有时我们要求孩子集中注意力，实际上是想让他们调用执行技能以理解自己为什么要注意，注意的结果是什么。当孩子难以集中注意力的时候，我们应该帮助孩子理解为什么要集中注意力，最好还能提供一个具体的例子和一些明确的步骤。

10 岁的斯坦顿离开时总是忘了关上农场的后门。他的父亲告诉他："关上后门对于抵御北面来的冷空气十分重要。当你开着门走了，火炉就要加倍地烧，我们就会耗费更多的燃油。这不仅对于我们来说是一笔很贵的费用，而且也不环保。如果你记得关门，我们就会节省下来一笔钱用于其他的事情，比如买新衣服或滑雪板。"然后父亲带着斯坦顿到了地下室来看火炉和燃油表。斯坦顿对火炉的工作原理十分感兴趣，并且他已经了解要省下一个月的燃油费才能为家里添置新的滑雪板。"现在，当我开门搬运蔬菜的时候他都会抱怨。"他的妈妈说。"妈妈，别浪费燃油，我们要节省！"他这样对妈妈说。

6 焦虑会破坏注意力

那些由于个性或者生长环境导致高度紧张和焦虑的孩子在执行技能的发展中更容易出现问题。焦虑通常是因为专注的事情超出了执行大脑所能处理的范围。焦虑也是最容易和多动症并发出现的。想要改善这些由于高度焦虑导致注意力缺陷的问题，首先要找到焦虑的原因。通常只有当孩子的紧张情绪得到有效缓解之后，他的注意力发展才能被有效测量。这样我们就能避免本末倒置，在还没有挖掘到情绪根源时就着手去解决注意力的问题。

在焦虑得到缓解后，父母和教师会惊喜地发现孩子在其他领域也会有惊人的变化。我不止一次地发现孩子自己也会注意到排解紧张和焦虑情绪后生活发生的改变。

"菲利普，你能够想象一下如果你不再那么紧张，学校生活会变成什么样子吗？你还会难以维持注意力吗？能有多少改善呢——一点还是很多？"他回答说："我想，一定会好很多（伸手比划出大约 30 厘米的距离）。大概这么多。""哇！那应该是很多了。我有一个主意。让我们写一个有关你的故事，讲讲你都发生了哪些变化。首先，我们先聊一聊你的担心。哪些方法可以消除你的担心？我们可以通过图画的方式来找到答案，这样你会更容易记住。"

"哦，宝贝儿，又吓了一跳"

追求刺激的个性特征非常容易造成注意力缺陷。一些孩子对刺激有一种近乎痴迷的热爱。骑自行车从荒山上冲下来，在半路松开双手；或者是和一群朋友一起参与社会性冒险。"你知道我在想什么吗？我想我可以从这里离开。我们可以用假名字，告诉别人我们 18 岁了。"如果你了解青少年的这个特点，你就会了解他们对刺激是多么富有热情。他们想探索身体和心灵的极限，危险似乎都在散发着魅力和诱惑。

这些孩子的内在矛盾就是他们的情绪自我和他们的注意自我不和谐。实际上，在他们的心里正在上演着优先级和价值观的一场战争。不幸的是，对于大多数儿童来说，情绪自我总是获胜。这也再次说明情绪问题很重要。有时，利用一些高强度刺激来占据自己的大脑是避免困难和痛苦的重要方法。缺少刺激的时候内心会觉得空虚和不舒服。就像一个女孩儿告诉我的："如果我静静地坐着，我就会想到那个坏家伙，我憎恨那些回忆！我宁愿做一些事情来占据我的大脑。哪怕只有一会儿也会让我感到好一些。"

即使对于专家来说，将情绪问题与认知问题区分开来也是一项艰巨且耗时的工作。就如同对立违抗性障碍与多动症总是并发出现一样。在这样的情况下若要做出准确的评估，一方面需要那些长期与儿童生活在一起、了解儿童的人提供大量的信息，另一方面也需要专业工作者持续的观察与测评。如果有人很快就下了结论，一定要小心这是

不分心 不拖延：
高效能孩子的八项思维技能（实践版）

个草率的诊断结果。整个评估过程需要投入大量的时间和精力，必要的时候，还需要请多人会诊。

你的孩子能拿到好成绩吗？

就像我们在第一章中提到的，执行技能从人们出生到至少二十几岁一直在发展。这期间我们大部分时间是在学校度过的，执行技能对学业成绩影响最明显的阶段就是从学前到小学六年级这段时间。在这段时间里，学校对个体的执行控制等方面的能力要求越来越高。在大多数学校，小学一年级到三年级重在培养基本的技能，而从四年级开始，就直接跳跃到运用这些技能来学习不同学科的知识。一些孩子没有做好这一跨越的准备。熟练运用这些尚未发展成熟的技能来学习新知识非常困难，或者根本不可能。成绩下滑或学习困难经常被误认为是注意力缺陷，而如果学生只是把精力用在概念学习而忽略执行技能的训练，成绩自然不会有明显的提高。

如果执行技能发展缓慢，一些孩子可能会在成绩上落后于同龄人。在孩子受教育的过程中成绩上的差异会逐渐消失，一年级学业成绩上很大的差异到了初中阶段可能就变得微不足道了。然而，在成绩不断趋同的同时，孩子之间的差异已经不容忽视。这一阶段是孩子自我概念或者说自信心形成的关键时期。一些消极的自我概念一旦形成就很难改变，很多自尊心的问题也会由此而形成。对孩子执行技能的要求在五六年级时会有一次较大的转变。在这之前，老师倾向于提供一些具体的步骤来指导孩子的学习。而从五六年级开始，孩子需要更为独立地完成自己的学习任务。他们必须自己做好时间管理，运用学习策略，并在截止日期之前完成作业，这些都需要大脑的指挥官全速运行。有些时候在二三年级积极上进的"好学生"在五六年级可能会突然掉队，或者对学校变得冷漠。下面是不同年级对执行技能尤其是对注意能力的要求。

年级	要求的技能
学前和幼儿园期间	静坐，排队等待，有时保持沉默，学习音素、字母、数字、颜色，排序，遵从指示，精细动作控制，与看护者分离。
一至四年级	与人合作，在较少提示下完成常规任务并遵守规则，读、写、算，开放性的作业（"画一幅画"）。
五六年级	学习更复杂的内容。理解教师包含很多步骤的指示，自主完成作业（比如选择一个有名的女性进行研究），解决高级问题、处理复杂任务（比如在下个月的科学节上做一个展览），更多独立学习的时间/更少的监控（比如去图书馆查资料）。

"大师"还是"傀儡"？

我们大多数人可能都会意识到发展多任务处理的能力是为了满足多刺激环境的要求。这些要求虽然有不同的时间节点，但是每一个都至少要间歇性地分配注意力才有可能成功完成。同时处理多项任务时，我们需要协调人员、任务以及环境，这极大程度地依赖于大脑的执行技能。当我们出色完成多重任务时，大脑中会有一种"心流（flow）"——心理学家米哈里·契克森米哈伊提出的概念，用来形容深层次、放松、创造性的心理体验。在这种时候，我们的内在指挥官是一个真正的大师，指挥我们的行动共同创作和谐的"乐章"。这种体验是令人印象深刻的，甚至振奋人心的。想象一下你正准备一顿由几个主菜构成的大餐时的喜悦感。你需要烹饪、装盘、布置餐桌。毫无疑问，这很有压力（尤其是当一切并不如著名烹饪大师鲍比在网络美食节目中表演得那么顺利时），但是这也会让人从心底里感到满足，尤其是当你享受烹饪过程的创造性时。那种高效、自如的切换注意力的感觉会让你感受到执行大脑精确的控制与协调。

做一个"傀儡"感觉就远不如此了——你被快速地向

147

不同的方向牵拉着。虽然我们尽力让孩子远离这种体验，但是我们无法将他们从不可避免的繁忙、复杂的环境中隔离出来。尤其是当孩子进入青春期，同时面临多项任务是不可避免的。当然，是否能高效运用执行技能决定了是我们控制任务还是任务控制我们。

你"看"到我想传递的信息了吗？

当一个人可以运用位于大脑后部的视觉皮层（枕叶）来加工信息时，他通常可以更有效地完成多重任务。事实上，我们可以通过眼睛进行多重任务加工，却无法通过耳朵完成同样的任务。例如，我们推开门，看到满满一屋子人，但是仅需要几秒钟我们就能了解大致的情况：约翰很沮丧（红红的脸，交叉的手臂），莉莉感到很无聊（在看她的指甲），太阳马上升起来了，"大家从哪儿弄来的卡布奇诺咖啡？"反之，当我们认真看电影时，哪怕只有一个人在后排说话，我们也会感到很气愤。

既然视觉皮质如此擅长处理多种来源的信息，我们何不采取一些可视化措施来提高儿童的注意能力呢？实际上，利用视觉辅助手段来激励时间规划、提示行动顺序或者提醒应该注意的范围，是提升注意力的好方法。

利用视觉优势：

- 在男孩浴室的四个毛巾挂钩上面，挂四个木质字母："W-A-S-H"（洗漱）。

- 基冈的爸爸在他的书包上挂了一些图片标签，上面有午餐盒、图书、帽子等物品的图片。

- 鲁伊斯夫人把班级活动安排用图画的形式表现出来，挂在时钟的旁边。

- 莫莉的父母将一张自行车的照片贴在家务清单旁，提醒她完成家务可以获得积分，积到 1000 分就可以得到照片中的自行车了。

接近性

接近性一直以来都被认为是学校在帮助孩子提升注意力过程中所应遵守的基本原则。比如把孩子的座位安排在教室的最前面，或者让他们坐在离门或者窗户等容易分心的地方远一点就会有效。当我们把注意力看作是与环境的一种关系时，接近性原则也同样有效。把需要注意的物体纳入视线范围，把不需要注意的物体移除视线范围，自然能够提升注意力。这里有一些例子可以说明在不同情境下，接近性原则是如何起作用的。

空间接近的作用

皮娅的父母发现当她不再和姐姐共用卧室的时候，她的作业完成情况明显变好了。

钱德拉发现和卡伊进行交谈最好的时间就是当他们一起坐在餐桌前，并且把手机关机的时候。

唐娜发现她的孩子们在野营的时候变得更容易相处。"在家的时候，他们一直在为玩具打架，总是想抢同一个玩具。在野营的时候，他们需要合作游戏，例如'看谁先到那棵树'，或者'我们一起在小溪上面搭座桥吧'。我经常鼓励他们多出去玩儿。他们在户外游戏时给彼此的关注远远多于他们在家里为了玩具争吵时对彼此的关注。"

伊莉雅发现在走廊里读书要比在屋子里读书更容易，因为在家里，电视、音响还有电脑都十分诱人。

有助于注意力集中的家庭环境

改善家中的人际环境也是帮助孩子克服注意力不集中的有效措施。不幸的是，很多孩子在学校注意力不集中就是因为他们几乎没有机会练习自我控制。学校之外的环境几乎不要求也不允许他们注意力高度集中。老一辈人传统的收集石子、看星星等活动已经被现代高强度刺激的娱乐方式替代了。当电视一直开着，孩子跑来跑去，讲话时只有大声喊才能被注意，到处杂乱无章（我知道生活有时确实如此）时，你正生活在"注意力分散的区域"。下面是一些有助于营造儿童注意力集中的家庭环境的建议：

让注意力成为家庭的头等大事

每天与孩子一起阅读。

在两岁前避免让孩子接触电视和电脑，在其他阶段控制看电视或者玩电脑的时间，每天不超过两个小时。

一起组织和计划一次共同的活动——例如建模型、做首饰、野营（你的兴趣、幽默和交谈能有效对抗外界刺激）。

制订生活常规和任务安排表，帮助孩子将信息储存进长时记忆，为练习和重复提供机会。即使事情很多，也要坚持重要的日常工作，来示范行为的一致性。"我也听到了电话，但是我们说好要讨论这件事情，这才是我们的头等大事。"

尝试让孩子了解为什么事情的优先级有助于发展注意

力。"不！我们现在不需要把爆米花准备好，难道你不觉得我们确认你的妹妹不会从椅子上掉下来更重要吗？"

提供视觉提示、线索和强化性的表扬。"如果你忘记做什么家务，没关系，看看冰箱上贴着的清单。"

给孩子时间和空间来养成注意习惯——一个安静的学习场所，大块的时间可以做自己感兴趣的事，还有充足的资料（例如手工材料、书籍和鱼竿等）。

我们并不想让你误以为孩子的一切注意力问题都是父母造成的，你也没必要时时陪孩子游戏。对于孩子发出"我很烦"这种抱怨的最佳回答是"找事来做""读读书"，或者"玩个游戏"，记住，"厌倦"会催生创造力（小一点儿的孩子可能需要你帮助他先开始一个游戏）。

同时，我们不要忘记身体运动的重要性——这是所有年龄段孩子每天都要做的。一期《新闻周刊》总结了运动在激活和发展执行大脑中如何起作用的相关研究结果：每天适量的身体运动可以激发灰质的增长。与原来的学校相比，如今的一些学校迫于课程压力，压缩了学生的休息时间和运动时间，所以父母一定要在校外做些补偿。城市化进程让情况变得更糟：在室内太长时间会让人坐立不安。

难道我们不该给那些没办法找到安全的街区玩耍的孩子们提供运动的机会吗？

　　本章我们讨论了注意力的几个维度，以及发展执行技能的一些策略。尽管我们一再强调注意力问题的发展性与社会性，一些孩子的问题已经超出了行为干预所能解决的范围。在执行控制的八项技能中，注意力问题是最有可能直接采用药物治疗的。但是在开出处方之前，我希望大家能从执行大脑的角度来全面看待某一具体问题。在大脑协作系统出现问题时很容易造成注意力缺陷。但是要全面改善我们的执行大脑，决不能仅仅从注意力一个方面来努力，还至少应该关注工作记忆，这是我们在第七章将要讨论的话题。我们还是先来看看执行大脑的另外两个技能——计划和组织吧，这两种技能也经常作为儿童行为干预的有效措施在实践中应用。这部分内容，我希望可以以一种有计划、有组织的方式来展开。

↓

第六章

技能四、五，计划和组织：管理时间和空间的能力

　　如果从 A 点到 B 点像听起来那么简单岂不是很好？但通常情况下并非如此。我们的生活中通常充满了各种各样的曲折与弯路，有些是可以选择的，有些却是不可避免的。要想成功地从 A 点到达 B 点，我们需要在不断的决策过程中随时调用执行技能。不管是克服"起床气"顺利赶上校车，还是从高中生活向大学生活过渡，抑或是和朋友开一个路边卖柠檬水的小摊子，儿童需要他们的执行大脑帮助他们成功地完成转换，并保证一切以正确的方式进行。本书介绍的八种技能中，有两种可以帮助我们判断哪些弯路可能是我们最感兴趣的，哪些会把我们带上歧路，它们就是计划和组织。在这一章中，我们将介绍计划和组织技能

是如何推动目标导向思维的，我们也会讨论阻碍计划和组织技能发展的认知和情绪因素。我们应该知道，当我们的孩子做事情不能事先计划时，很可能是因为他们不知道何时以及如何做计划，而不是因为他们的懒惰，记住这一点至关重要。

蝴蝶从来不会按照直线飞行

我们一方面应该努力保护孩子自发性、创造性的活动，另一方面应该培养孩子的计划能力与组织能力。最好的状态是两者之间能保持平衡，毕竟，如果没有通过计划保留出艺术创作或自发游戏的时间和空间，创造性就无从谈起。学会平衡这两种生活中的基本思维方式，是让高效大脑如"交响乐"般和谐的重要方面。想象一下一只蝴蝶在花圃中的运动轨迹——一会儿上，一会儿下，一会儿这儿，一会儿那儿（自由又充满创造性），同时一直在采蜜。

计划和组织的技能似乎在青少年前期发展迅速，因为家庭和学校都期待个体有更多独立思考与行动的能力。然而，个体独立的种子——目标导向思维却需要在童年早期播种。在地板上玩乐高、做姜饼人以及收拾玩具都是锻炼目标导向思维的好机会。

让我们说得更清楚一些。

尽管我们讨论童年时的计划和组织技能，我们并不否认儿童成长的天性。我们不是要培养出只会机械做事情的一代，我们依然认为童年应该是在惊奇中受到启发，在无拘无束的欢乐中沉醉，在路灯亮起时才不得不匆匆跑回家。但是童年同时也是发展独立性的阶段，随着孩子逐渐发展出计划和组织能力，他们不仅可以收获成就感，还可以享受这一结果所带来的自由。举个例子，一个做好计划在星期五完成作业，周末可以去露营的孩子，比那些在父母的严格监督下不得不去完成作业的孩子享受了更多自由的乐趣。一个能有效管理时间的青少年可以取得更好的成绩，也可以去做兼职或者培养一个自己喜欢的兴趣爱好。在那些有限的机会（比如学生会竞选或者是音乐会的门票）面前，那些有明确目标导向的孩子更容易脱颖而出。

即使他们有时候不能清楚地表达自己的目标是什么，大多数孩子仍然可以认识到计划和组织的重要性。很不幸的是，孩子对计划和组织的认识也会和一些负面情绪联系在一起，比如做不好计划和组织时他们可能会感到焦虑甚至羞耻。

凯莉的妈妈记得女儿七年级时在为学校的戏剧晚会化妆的时候，扯着自己的头发，疯狂地大喊："所有事情都是一团糟！"她的妈妈说："这一次我决定不介入。在她尝试澄清和解决问题时，我一直在旁边看着。她拿起一样东西画了一下，又扔下换另一样，气愤地弄一会儿，发现落了一个步骤，又擦掉重画。她忙来忙去，但都是在原地踏步。凯莉很有热情也很用心，我很乐意看到她尝试新的事情，但是当她开始尝试时，又经常因为没有进展而感到焦虑。她总认为不需要过多计划，即兴发挥就能做好这一切。"像凯莉一样的孩子经常会因为无法实践自己的想法或达成自己的目标而感到沮丧。他们可能付出了和同龄人一样甚至更多的努力，但是却收获甚少。凯莉的妈妈有见解地说道："我看到她的问题并非是态度或者动机问题，她只是不知道做好一件事的步骤。"

目标导向的思维：图比决定在学校组织一个关于石头收集的展览。她知道这意味着要对玉石和矿石做必要的分类。她列了一个清单，买储存容器以及贴标签，并且为这个活动预留了一个下午的时间。同时目标导向的思维也是有组织的：在做早餐煎饼时，雷吉知道她有面糊、黄油、糖浆和蓝莓，并且她知道这些材料的位置。其实在生活中计划和组织能力很难分开，它们共同帮助孩子有序地实现从 A 点到 B 点。这些执行技能一起配合使用会更有效。如果家庭活动对你来说十分令人厌烦，你一直在"发出指令"或者不得不"自己动手"，你的孩子很可能感觉和你一样糟糕。他可能完全不知道除此之外自己还能做些什么。

1 管理时间（计划）和空间（组织）

计划和组织就是对于时间和空间的管理。计划就是在一定的时间范围内制订某一活动具体的流程。从时间的角度来界定计划能够让孩子的计划更实际，进而增加成功的可能性。我们身边不乏那些不善于计划的孩子，例如当天色已经逐渐黑下来时，他们会说"我们来堆个雪人吧"，似乎完全没有意识到这样的计划是不可行的。有时候失败的原因并非是因为缺乏努力，很可能是缺少事先的计划。按照一个考虑欠周的计划行事，就像是不停地在城际高速上绕着城市转圈，因为你的地图没有告诉你从哪个入口可以到达市中心约定好的地点。简而言之，一个充分的计划可以帮助我们有效决策，就好像详细的地图可以更准确地带我们去到想去的地方一样。

做"恰到好处"的计划

做计划并不是要我们神经质似地写下每一分钟应该做的事情，相反，计划可以很简单。以一次聚会为例，我们可以做一个非常简单的计划：叫上朋友、准备一些游戏、买一些零食。这样简单的计划为偶发事件保留了一些空间。难于做计划的孩子最大的特点就是总是无法完成个人目标，他们会因此感到失望，有时也会让其他人跟着失望。他们也会错过一些美妙的体验，不是因为不感兴趣，而是因为缺少制订并执行计划的能力。

作为计划的补充，组织技巧能够帮助孩子有效管理环境。计划与组织的区别在于计划是在做一件事之前做有序的准备，考虑达成目标的一些必要步骤；而组织则意味着对环境和空间的管理。对我们的孩子来说，这样的环境与空间包括卧室、学习桌、柜子、文件夹等。读到这里，你是不是觉得我们对于组织的定义太宽泛了？如果是，请想一下组织与成就之间的重要关系。一个脏乱的书桌绝不是一件无关紧要的小事，因为它可能决定着你的孩子是能最大限度地发挥自己的潜能，还是在混乱中自我消沉。

2 有效计划的三个要素

想在前面

做计划的第一步就是要有一个预期的结果。对于大人来说这很简单，但是孩子的想象力可能会省略很多细节。这时候你可以让孩子大声地讲出自己的目标（可视化），然后，你来帮助他缩小范围，使计划变得更具体。例如，当杰娜说"我想在学校中表现很好"时，你可以帮助她把目标细化为"在这一年的社会学科目中，我的每一门功课都至少要拿到 B"，然后再细化到"这学期我要每天好好完成我的家庭作业"，最后就可以对她说："让我们做一个详细的计划吧。"这就是一个从目标开始的逆向思维的过程，最终把达成目标的一系列步骤和措施做成计划。

有时候，教会孩子用逆向思维的方法来做计划很有用。"如果你想在 6 点钟之前练习，就需要在 5:35 之前到达萨拉阿姨家，这也就意味着你需要在 5 点钟之前吃完晚饭。另外别忘记在 4:15 之前按时到家换衣服。"用语言描述这种顺序化的思考能够帮助孩子建立时间观念，让孩子在生活中事事做到想在前面。

帮助孩子想在前面的一些建议：

- 从明确的目标开始。"那看起来很有趣，做起来一定很有意思。你想过当你完成之后会是什么样子吗？在你把胶水和碎金纸用光之前，我们来一起想想到底要做什么吧。"

- 考虑细节。"这次滑雪旅行要花多少钱？""你需要几尺布？""从这里到温迪家再回来要花多长时间？"

- 表扬想在前面的行为。"你能想到在下雨之前收回运动鞋真是太好了。""你的 DVD 整理得真好，这样我们只用一点点时间就能找到想看的碟片，把更多的时间用在欣赏上了……我应该向你学习这种整理归类的方法。"

- 提醒孩子留一些时间来计划。"我知道你很想做一个能练习滑板的斜坡，但是在开始之前，我们需要花时间来考虑把它放在哪里，需要多大的空间。"

确定步骤

教孩子做计划最重要的部分就是让他们明白步骤的含

义。打个形象的比方，大多数孩子都爬过楼梯，并且知道台阶代表着前进。那些看起来停滞不前的孩子正在挣扎着如何向上爬，换句话说，他们需要确定一系列步骤。父母如果能在这一过程中提供帮助，就可以缓解孩子的压力，与孩子结成积极的工作同盟。有时候帮助孩子按部就班地往前走真的很有帮助，尤其是对那些患有多动症和缺乏自信的孩子。

帮助孩子确定步骤的一些措施：

- 讲出你自己做事情的步骤。"我在准备你的生日聚会。首先需要决定在哪里举行，邀请谁，再估计大概要花多少钱。"通过大声讲出我们自己的计划，我们可以给孩子做出一个榜样。

- 和孩子一起阅读。"首先，你需要播下种子，收获小麦，到磨坊去磨面粉，直到你可以吃到面包。"很多故事会涉及做事情的步骤，比如建造一个城堡、去学校、准备晚会等。

- 让过程充满乐趣。当你问一些很傻的问题时，孩子会觉得自己很聪明。"亲爱的，我忘记了，袜子和鞋子要先穿哪一个？是鞋子吗？为什么？""蠢妈妈，这样袜子上不就都是泥了吗？""哦，是这样啊，好像你说得有道理哦。那然后应该穿什么呢？"

- 提供现场指导。当一个孩子不断重复失败变得很沮丧时，你最好直接介入，提供必要的指导。"我们可以一起来做。我也曾经花了很大力气才学会了跳舞。每次一小步，相信你能做得到。让我们把它分解，我先做一个动作，你来跟我做。"

- 把事情写下来。把事情记下来能够让我们发现前后的矛盾，增强客观性，并且提升创造性思考的能力。让你即将成人的女儿写下如何才能赚到买下一辆车她应该承担的那一半费用，或者让你的小儿子做一个每周任务清单。

时间观念

尽管步骤是计划最重要的组成部分，做好时间规划也十分重要，毕竟很多人都是在意识到时间已经所剩无几的时候才开始着手做计划的。作为成年人，我们知道做好时间规划会帮助我们减轻压力，获得更多的回报或者成就。但是这对于孩子来说十分有挑战性，尤其是当他们还没有成熟到具备时间概念的时候。对于很小的孩子来说，最好将抽象的时间与具体的事件联系起来，比如他最喜欢的电视节目的时间，家人共进晚餐的时间以及开车到学校的时间等。将时间观念渗透到家庭生活的日常琐事中尤其必要，比如"如果全家人要在 8 月出去旅行两周，那么应该在 7 月就开始制订计划，比如，我们需要多少时间研究行程，打包行李"。除了全家人的时间规划，父母还可以帮助孩子做自己的时间安排表。比如"你需要多久找出一件你喜欢的，我也觉得不错的泳衣"。总而言之，建立时间观念有助于培养孩子做计划的能力。

培养孩子时间观念的一些策略：

在孩子会看时间之前

- 用类比的方法识别时间。"和我们去祖母家需要的时间一样"或者"和唱一首字母歌所需要的时间一样"。
- 避免一些模棱两可的陈述。当你真正的意思是需要 15 分钟时，最好不用"我一会儿就到"或"等我有空的时候"。
- 跟孩子聊聊时间知觉。"当你刷牙时感觉时间很长，但是当你吃冰激凌时觉得时间很短。""我抱着你过马路时对你来说时间很短，但是对我来说很长，因为你变重了。很快你就可以牵着我的手过马路了。"
- 借助沙漏或计时器。

小学阶段

- 让孩子参与一些有关时间的决定。"你是想现在离开去吃冰激凌还是想在动物园多玩一会儿，先不吃冰激凌呢?"

- 建立有规律的作息安排，让孩子知道凡事都有时间限制。"放学之后你可以玩到布兰登回家，然后在晚饭之前的这段时间你要写作业。""在星期一到星期五你需要在 8 点钟睡觉，暑假的时候可以 9 点钟睡。"

青少年以及青春期

- 在学期初让孩子制订作息表，分配好自由时间、学习时间和课外班的时间。选择那些适应孩子作息安排的课外班，记住青少年每天需要 10 个小时的睡眠才能让他们达到最佳状态。

- 如果孩子在电脑上写作业，他可以通过查看文档的统计数据知道自己实际花了多少时间完成作业。这样可以帮助孩子检查自己计划中为作业预留的时间多了还是少了。

- 如果你的孩子经常低估完成一项作业需要的时间，让他下次做计划时留一些缓冲时间"以防万一"。

- 不要总是把孩子缺乏计划能力的责任担在自己身上。当问题在于缺乏动机而不是缺乏能力时，让他自己来承担后果。记住，很快他就会成为一个初涉职场的年轻人，他的同事很可能会在他的桌上挂一块牌子，上面写着："不要因为你缺乏计划而给我造成紧急情况！"

165

3 计划促进社会性发展

当我们说做一个"计划者"时，大部分人想到的可能是自我管理或提高工作效率。这当然是计划的一方面，但是计划同时也会促进个体的社会性发展。为什么呢？因为计划能使个人的人际知觉转化为社会行为。例如，一个女孩知道最好的朋友喜欢什么样的音乐，并且在朋友生日之前提前预订了礼物；而另一个男孩则在10点55分匆匆忙忙冲进便利店给爸爸买生日礼物。这个小女孩无疑会被认为更会顾及他人感受并且更会关心他人；这个男孩不见得不重视自己与父亲的关系，然而他缺乏计划的行为却在传递一种与自己真实感受不同的社会信号。

一次，在我的"了不起的好孩子（社会性和情感发展）"工作坊里，一个小组决定出一本叫作《奇怪却真实的动物现实》的书，他们打算把卖书的钱赠予当地一个动物保护机构。每一个组员都有自己具体的责任和详细的时间安排，他们需要协力来完成这个项目。当我在规定好的日期问欧塞他负责部分的进展如何时，他脸色发白，直直地盯着我，然后说"还没有做完"。我们都感到十分失望，因为协作是这个团队最重要的主题，也就是说每个成员都要承担对其他人的责任。当团队成员问欧塞"发生了什么？"时，他只是耸耸肩。我知道欧塞对这种情形感到很紧张，因为没有人比他更乐于帮助小动物，而且他和其他孩子的关系非常亲密，但是缺乏计划的他却向其他团队成员传递了一个"这个项目对我并不是很重要"的信号。这导致欧塞要通过后续很多次集体活动来重获大家的尊重。

在这个快节奏的社会，有人为我们提前做打算是十分奢侈的，对此我们需要回报感激和尊重。善于目标导向思维的年轻人更容易协调自己的社会生活，如"我已经一星期没有看见迪莉娅了，我要在她去露营之前和她提前约个时间"。他们不会让别人感到不爽，如"杰斯生气了，因为我没有在约定好的时间赶到。当我骑自行车到那里的时候，他已经走了"。他们利用自己的计划能力实现人际目标，如"如果我想要朋友们来我家并且希望他们下次还会再来，我需要清理一下游戏房间"。

促进社会性计划的有效方法：

- 确保孩子有一个日历。小一点儿的孩子喜欢那些五颜六色、代表不同事物的小磁块儿（例如"图书馆日"），他们可以把这些小磁块儿放在合适的日期上。

- 帮助孩子整理一个通讯录以及一些重要日期的清单，方便孩子提前为朋友们挑选、准备贺卡。
- 让孩子做一个存钱计划。和孩子讨论为了买某件特别的礼物一共需要多少钱，每周需要存多少钱才能在约定的时间前存够。
- 养成随时记录的习惯，例如在电话机旁边放一个笔记本，提醒孩子在打电话时及时记录。
- 让孩子参与策划集体事务，比如家庭野餐，并且在野餐过程中肯定他们的贡献。

4 阻碍有计划生活的情绪因素

计划是一种很实用的能力，我们每天都在不经意间运用这种能力。当我们担心孩子容易冲动时，我们经常让他们"想想后果"。我们希望孩子学会把行动和结果联系起来看。这样做可以帮助他们建立更好的自我控制力，并最终过上想要的生活，但是似乎有一些潜在的情绪因素阻碍着我们去过一种有计划的生活，下面介绍几种最常见的情绪因素。

焦虑

焦虑经常阻碍那些一闪而过的做计划的念头，而这些念头是一切计划的基础。设想一个孩子在小提琴独奏会之前一直焦虑不安，这种焦虑会让他在意识上无法慎重对待这次独奏会，从而导致他不能安安心心做充分的准备。有焦虑情绪的孩子通常都是被一种竞争思维所诱导，尽管他们正坐在教室里或者正在进行一个项目，但是他们的注意力却不在眼前的事情上。这些孩子经常被认为是"心不在焉"，因为他们时常"不在状态"。想象一下你和一个容易焦虑的 15 岁孩子在公园里散步时，你随意地提到他可以竞选进入明年的学生会。尽管你还在继续你们的谈话，但他的思维已经被这一句话所吸引，对你后面的聊天内容充耳不闻了。也许他正在预想竞选演说上出错的羞愧感，或者他正在担心他会得到多少选票。这种害怕犯错的焦虑情绪对于竞选计划而言无疑会适得其反。下面讲讲焦虑如何影响计划制订以及克服焦虑的一些方法。

一些孩子在一些"令人瞩目"的场合很难发挥自己的真实水平，比如说在众人面前表演，参加很重要的考试或者其他一些与重要利益相关的事情。

莫伊拉在即将上台表演的最后一分钟找到一个退出的借口，她说自己还没有记住台词，但实际上表演的 200 多首歌的歌词她都已经烂熟于心。埃里克申请大学的程序已经完成了一半，但是最后因为没有按时提交论文而错失了去他喜欢的学校的机会。他的父母很失望，因为他在写作方面十分有天赋。埃里克说他忘了查看最后期限，因为"他们的球队最近糟透了"。

- 把计划和准备做在事前，好过最后一刻再去努力，因为前者预留了足够的时间去试错。
- 万事开头难。有时候孩子需要的仅仅是在开始关头善意地推他们一把，因为一旦一个孩子开始做一件事情，他的天赋将会自动强化并激发潜能。
- 如果在执行计划的过程中孩子生气甚至哭闹，记得保持积极的态度。休息一下，然后以一种柔和的方式坚持让孩子完成最初的计划。
- 开始要设立非常简单的目标来"破冰"。例如"先不要求你记住台词，只要把你的台词划分成 10 个部分就好了"。

一些孩子不愿意承认自己逃避的真实原因。

德肖恩的项目要完成三项研究，但这些都不是问题，问题是当他知道项目完成后要在全班面前进行口头汇报时，他变得异常焦虑，这种焦虑经常让他晚上无法入睡。虽然科林平时很喜欢逛街，最近在谈到夏装时却总是兴趣索然，对她来说暑期一次离家三小时路程的露营是令人不安的。

- 如果对特定事件的担心或恐惧让你焦虑（当众讲话对所有年龄段的人来说都是一个巨大的焦虑源），实事求是地承认这一点。
- 提前充分地准备（知道恐惧到失去知觉是种什么样的感受，练习"肌肉记忆"等），但是在前一天不要过度练习。
- 列出可以提供帮助的家人和朋友。例如，德肖恩的妈妈让他在家对着祖父练习做展示，当然前提是他能成功地对着家里的罗特维尔犬做完展示。
- 说出潜在的焦虑问题——有时候，和朋友或者家庭成员聊一聊就足以解决问题了，但是情况比较严重时你需要寻求一位专业的咨询师或者治疗师的意见。

完美主义会让做计划的过程变得紧张。对于自己要求过高或者被父母期望过高的孩子，可能会设定一些不切实际的目标，从而制约计划的执行。

青少年更容易设定假想观众，认为所有人都在看着自己。这样的过度敏感会让他们对自己的努力有极高的关注，尤其是与社会情境相关的努力。艾琳的学期论文进行不下去，因为她不想仅仅写一个关于知名女性（圣女贞德）的简单报告，而是将她的项目扩展为"女性在历史中的角色"。尽管已经在网上查了几个小时的资料，她还是对着一个 27 页长的提纲一筹莫展……唉！

- 提供支持，避免和其他人的表现进行比较以及使用夸张语句。"我认为你想成功，我也希望你成功，但是对我来说，我更希望你能够先开始，并且踏踏实实地努力，而不是想要赢得大奖。"
- 帮助孩子设定可行的目标。强调熟能生巧，尽管有些时候我们只能看到他人的成功而忽略了他们背后的努力（孩子看到喜欢的体育英雄在全垒打与触地得分时的空前辉煌，却没有看到他们在体育馆里刻苦地练习）。"如果你想做四分卫，我支持你。但是我们先要制订你能够实现目标的策略，让我们预约个时间让你的成功成为可能。"

抗拒还是冷漠？

当孩子不愿意做计划时，不一定是因为抗拒。也许是因为他们认为预先思考与计划很无聊，或者说他们不愿意

不分心不拖延：高效能孩子的八项思维技能（实践版）

做这样的无聊差事。持这种态度的孩子通常不愿意花费时间和精力在这个事情上，仅仅是想想做计划就让他们觉得很累了。有时，逃避计划是因为缺少目标。而在另外一些时候，逃避计划则是因为孩子沉迷于自己的想法和想象中，以至于不能让他们的注意力回到更为实际的方面。总是有那么多诱人的东西需要考虑！

养育孩子是一件头疼的事情，特别是进入青春期以及即将进入青春期的孩子，他们需要父母的指导、引导、恳求或者威胁。父母和老师们都十分期待能够尽可能多地参与到孩子生活的管理中，但要注意，随着孩子的不断成长，对孩子的期待需要随时调整。那些在低年级没有得到较多支持的孩子，到了高中可能会在一定程度上沦为"边缘群体"。当11岁而不是5岁的孩子仍然需要被哄着洗漱和完成作业，父母就会感到劳累和失望。在这些例子中，通常需要统合外部支持，在父母、老师、导师以及治疗师之间建立一个协作系统，进而给孩子提供一致的激励与支持。如果一个缺少执行技能的孩子能保持和成年人之间较高程度的互动，在家里和学校都被赋予更多责任，那么他很可能会追赶上他的同龄人。记住，执行技能在青春期晚期会持续发展，若一个孩子的执行技能发展速率比常人慢，那么他就会需要更长时间的外部支持。

合作是成功的基石

发展计划与组织的技能，需要孩子与生活中的重要他人通力协作。例如，为了让孩子回家能继续写作业或练习音乐，父母与学校间的沟通非常关键。我们或许都习惯地认为孩子在特定的年龄会专注于自己的一些事情，但如果要提升孩子的执行技能，不要指望他们自己。最好提供一些结构化的指导，而不是在饭桌上用冗长的谈话来让孩子承担起自己的责任。因为后者会让孩子有负罪感和沮丧感，前者则能帮助孩子制订有效的行动计划。

说来也奇怪，有更多选择的孩子通常也是那些会"犹豫不决"的孩子。一个被无偿资助可以去任何大学的孩子通常会比一个"努力说服父母"成为家里第一个进入大学的孩子的动机程度更低——天性决定了我们会更看重自己得不到的东西。很多有特殊需要的儿童缺乏动机，因为他们看不到提前思考、做计划的好处。再次重申，帮助孩子移除原有的冷漠需要充分准备和耐心指导，重点是让他们学会"连点成线"。

当长期的冷漠削弱计划时	尝试这些方法
娜塔莉说她要申请大学，但是"最紧要的事情是什么？我只有 18 岁"。	娜塔莉的妈妈通过具体可视化的语言，帮助她建立热情。"当你到了大学，大二就可以有自己的公寓。你觉得你是更喜欢住在小宿舍还是住在市中心？"她的妈妈让她买布置宿舍的海报，这些行为无疑激发了她——她看到了自己在那时的样子。
达利亚在这个暑假被邀请去楠塔基特岛拜访她的阿姨一家，但是她还没有拿定主意。每天她都要改变一次主意，因为有太多选择了。	帮她分析每种选择、和她讨论每种选择的利弊之后，达利亚的爸爸给了她两天的时间做最后的决定，否则她将被没收掉手机。
布雷特抱怨说："爸爸，我们打印包裹单，核对地址，打印姓名，打包，邮寄。谁关心我们如何做？我为什么要按部就班一直这么做？"	告诉他坚持并能高质量完成工作的人值得敬佩，也应该有所回报，哪怕他们做的是微不足道的工作。布雷特的爸爸让他重新打包，表扬他哪些包裹做得很好，并且解释说包裹最重要的就是第一印象，"就像你不想穿得破烂不堪出现在学校，是不是？或许我应该想另外的例子"。

5 过度执着于计划的孩子

尽管我们鼓励把计划作为促进学业和社会性发展的有用工具，但有几种过度计划的情形并不是我们所欢迎的。一个例子就是当一个孩子过度执着于制订计划时，会变得刻板、不知变通。一些神经学上的综合征，例如感觉统合失调或是阿斯伯格综合征，会导致孩子很难应对计划的变数。当我们发现一些孩子过度盘算未来而不是参与日常生活时，计划便太过了。

一些孩子可能尝试以一种控制的方式运用计划。这些孩子不只是计划他们自己的生活，而且也参与计划其他人的生活，大多数孩子都或多或少计划过别人的生活。难道你没有注意到有时你的孩子想帮你计划出一天的安排？他可能告诉你午饭后要做什么，睡觉前你需要给他读什么故事。这种方式在一定程度是可以接受的，因为这可以在偌大且令人迷惑的世界里给他们一些保证。

另外一些孩子想要在计划中寻求控制，因为他们想成为舞台的主宰。他们可能有很强的爱恶或观念，让他们放

弃自己的决定很难。他们可能会和父母、老师、兄弟或者
其他同龄人展开竞争——"记住,我才是决定者!我要确
保一切按照我想要的方式进行。"一些孩子对他人观点或方
法的价值缺乏正确判断。一个青春期的孩子可能会非常担
心自己不是舞台的焦点。或者一个少年会十分愤怒,因为
一切没有按照他所想要的方式进行,他觉得自己提出的方
法或建议被拒绝是一件很丢脸的事情。通常,这样的反应
背后并不是过高的自信,相反是因为缺乏自尊。了解这种
控制型的计划背后的原因,可以帮助我们重新调整我们的
指导方向来解决这一问题。

6 让年轻的头脑有组织能力

在妈妈擦干所有的餐具后,阿尔伯特认真地整理着这
些镀银器具。他知道每种器具放在哪里,并对自己所做出
的贡献感到十分骄傲。这种组织的意识有助于阿尔伯特建
立秩序感。

凯伦满怀深情地回头看了看父亲的工作坊。他是一个
木工,但是地板上十分干净,你坐在地板上吃顿饭都完全
没问题。他的工具被养护得很好,随时可以取用,每一个

都放在该放的位置上。当我还是一个孩子时，他就让我使用他的工具，但是要求我用完之后物归原处。不论是清扫店铺还是摆放桌子，父亲都会教我一套规矩。至今我仍能听见他在对我说这些，我知道是这些规矩帮助我成功地成为一名建筑师。相信我，设计摩天办公大楼真的是一件庞大而需要组织能力的任务。

对于大多数人来说，组织能力可以提高效率。当一切井然有序时，你就不需要花太多的时间来找东西。有效地管理空间可以给我们的生活带来秩序感——不只是物理意义上的秩序，还有精神上的秩序。在我参观一些没有像父母和老师期待的那么有效率的学校时，我经常发现导致这一结果的原因就是极差的个人空间管理能力。对于一些孩子来说，活动带来的兴奋体验限制了他们关注附近环境的能力。这就限制了组织能力的发展，因为组织能力既需要关注整体也需要关注局部。缺乏组织能力的人对于自身的事情很盲目。相反，那些追求完美的孩子则经常被一些琐碎的细节所困扰，因此没有时间完成整个活动。你可能会说，这些孩子通常能很好地组织起一两件事情来，但是更多的其他事情却是一团糟。也有一些孩子的问题更有情境性，当孩子从一个活动被催促着进入另一个活动时，他们很少有时间来使一切保持井然有序。

多整洁的孩子呀！

为什么整洁被认为是如此重要的一种品质？对于孩子来说因保持整洁而得到表扬是否公平？整洁能够被培养吗？还是说它是个人的天性，没办法从外部改变？整洁是一种性格特质，对一些人来说明显比另外一些人更容易做到。然而，整洁也是一种行为，一种选择，是可以习得的。

把整洁当作一种价值观教给孩子通常没有什么效果，相比而言，通过在实际的情形中树立榜样来告诉他们应该怎样做到整洁则有效得多。教一个 7 岁的孩子如何整洁地画一幅画，意味着整理需要的材料、给他工作边界的感觉。帮助一个 11 岁的孩子整理房间需要告诉他每周清扫时哪些东西需要收起来，哪些东西可以定期清理。无论哪种情况，你说了什么以及你如何去说，都会对结果产生重要的影响。

清洁时间到了！

- 设定限制。"你一次拿了太多东西了。记住我们的家庭规则，一次只拿三种玩具。"

- 对事不对人。"这个房间太脏了"而不是"你是一个顽固不化的人"。
- 清楚地表达你的期待和(合理的)目标。"把所有的玩具放在地板上的篮子里"还是"好好收拾屋子"?你的孩子无法遵守那些复杂、不一致且含糊不清的规则。
- 允许阶段性的不整洁。留给孩子一些时间和空间,让他自己有掌控权,即使弄得一团糟也不会挨批评。

杂乱会让我们焦虑吗?

另外一个我们喜欢整洁的原因是它会使我们心情平静,减少对生活的焦虑。我们过度负荷(有些人说过度消费)的生活已经造成了持续增长的混乱,需要我们经常整理。过度消费以及对整理物品的焦虑让那些生产收纳工具的厂家大量获利。去家得宝(美国家居连锁店)逛一逛,你就会发现形形色色用来帮助人们收纳整理的工具。很多人喜欢给孩子买各种各样的东西,但是当面对堆积如山的玩具和成堆的衣服时又很容易沮丧。从某种意义上来说拥有也意味着压力。我见过许多孩子,他们都不知道自己有哪些玩具,更别提让他好好整理玩具了。一个很好的规则就是当你没有地方摆放时就不要买了,每次买新的物品时清

理掉一些旧的物品，这样才能保证有足够的储存空间。或
者买东西的同时买个收纳工具。这是练习我们所讲内容的
一种好方法。

你明白我的意思吗?

不管孩子在组织的过程中面临怎样的挑战，实施可视
化策略，即让孩子有一个可参考的榜样会大有帮助。

一些有帮助的可视化策略：

- 展示榜样。"这是我的电脑文件夹。他们通常都有
  一个绿色标签。""这个杂志介绍了两种衣柜收纳方
  案，仔细看，哪一个更符合你的需要?"
- 划分任务。"好，我们把这个大锅放在下面，把小
  锅挂在灶台上，把碗放在柜橱里。""让我们把夏天
  和冬天的衣服分开，在 11 月和 5 月的时候我们进行
  调换，怎么样?"
- 工作空间结构化。"我们有了马克笔、蜡笔和颜料。
  给你一个盒子，这样你可以把它们收纳整理起来，
  你觉得怎么样?""嘿，难怪你这么沮丧，你想找什
  么都找不到。这些资料十分重要，我来帮你把桌子
  收拾好吧，这样你可以更好地利用时间。"

组织能力和自尊

除了减少焦虑，组织能力也有助于提高孩子的自尊。从心理学角度来说，组织能力增加了控制感和效能感。因为孩子知道，或者至少在潜意识的水平知道组织性与自尊的关系，所以他们通常积极地参与整理组织的工作。你会发现，孩子更喜欢在他们打扫过的房间玩耍，在材料摆放很有序的艺术室里他们更容易画出好的艺术作品。当我在带多动症儿童进行学业技能训练时，我发现每次当我宣布要进行计划和组织技能训练时，孩子们都欢呼起来（没有开玩笑）。这些发现足以说明组织对于孩子来说是多么重要！尽管我们可能没有意识到，但孩子会经常和别人进行比较——没有人愿意一直做那个粗心、杂乱无章的人。

无序会破坏孩子的自我概念吗？

家庭	学校
克里斯特尔的朋友顺路来家里玩儿，但是克里斯特尔根本没有准备。她对自己脏乱的房间感到十分尴尬，恨不得把地板上的所有东西都塞进抽屉，但是显然抽屉已经塞不下了。	马蒂意识到班上所有人的桌子都比自己的整洁。对于其他人一直盯着自己的位置看，马蒂感到烦躁，尤其是当别人说"别和马蒂一组，他很脏"时，他真的很受伤。

（续）

家庭	学校
韦德知道父亲为什么失望。仓库里一片狼藉，很难看出韦德有整理过，他的工作室也是一团糟。	希瑟打开自己的储物柜，半年多的课程作业都掉了下来，散落在走廊里。她本来已经迟到了，这下子情况更糟了，她已经无暇顾及自己的尴尬情绪了。

　　如果教孩子一些技巧，他们多半会变得相当整洁有序。但是作为繁忙的父母，我们一直相信"我自己来做更容易些"，尤其在学步阶段，这样的想法会错失培养孩子整洁有序的好机会。年幼的儿童对获得控制感有强烈的热情，哪怕只是拿起、放下这样的小动作，也会让他们觉得自己对外界环境中的物体有一定的控制力，让他们觉得自己像成年人一样有力量。随着年龄的增长，孩子的这种热情会逐渐消失，然后用一生的时间去练习，去养成好的习惯，去从他人的支持中重新获得力量感。

无序，还是非常规？

　　有时，看起来混乱可能是有原因的，尽管原因可能并不明显。例如，喜欢在杂乱的环境中工作反映了对于联想性思维的偏好。有的孩子喜欢把很多物品摆在面前，这样能激发他们的联想能力，使他们更具创造力。这就像是画家在决定用什么颜色或者如何表达自己对一种场景的感觉时，喜欢把所有的颜色放在调色盘里来激发灵感一样。有的孩子喜欢把所有的东西都在面前展开，因为他们需要视觉线索来提醒自己到底需要什么。我们不能将这样的孩子归为无序，相反，我们需要认识到他们只是依赖一种非常规的方式进行组织。表面的无序只是一种不太容易被识别的秩序与组织。有序与组织化并不一定要遵循传统意义上有效的方法。

两种组织方式对比

传统方式	非传统方式
鞋子在衣柜下摆成一排。	跑鞋放在储物室，时装鞋放在大厅，拖鞋放在床下——均放在最需要的地方。
将论文按主题分成不同的文件夹，放在一个压缩包里。	论文都放在电脑桌面上，将需要重点参考的段落标记出来放在一起。
衣服挂在衣柜里。	衣服按照保暖程度折叠收纳。

用非常规的方式进行组织和无序完全是两回事。对于那些试图劝父母说自己已经搞定一切的孩子，可以询问他们一些具体的问题："如果你想用自己的方式，可以。但是当我问你笛子在哪里的时候，你要能马上找到。"

无序的"临界点"

无序有一个临界点，当我们的无序化程度达到临界点时，我们就失去了控制的意志，转而去逃避了。一个职员告诉我说："我的书桌和文件如此混乱，我已经无法忍受，都想要辞职了。"对于孩子来说也是如此。当孩子的柜子里堆满了草稿纸，他们似乎很自然地把所有的新纸也胡乱塞在里面；当一个孩子将俱乐部的花费统计得十分混乱，他很容易受到怀疑。当无序程度逐渐提高，生活似乎也会更加混乱。

我们提升执行技能的这部分工作就是认识到孩子在混乱中的痛苦挣扎并且及时采取预防性措施。把计划和组织的技巧介绍给孩子可以作为一个改变的起点。最终，我们的目的是帮助孩子找到适合于个人特点的节奏和方法。希望这几章的内容已经让你对执行技能有了一定了解，知道它是如何在生活的方方面面让孩子成为一个具有高胜任能力的个体的。现在该为执行技能这艘火箭加点燃料（工作记忆）了，请系好安全带吧！

↓

第七章

技能六，工作记忆：短时间内记住信息的能力

　　如果让我们用一些词来描述自己，我们最先想到的可能是人格特征和喜好。我们很自然地觉得像害羞、缺乏耐心、开朗或者情绪化这样的人格特征比其他特征更能代表自己。可能很少有人会想到，我们的记忆也是能充分显示个体独特性的特征，而不仅仅是一种技巧或能力。实际上，记忆不但能帮助我们熟记乘法表或在城市里找到路，它也能帮助我们塑造形象，让我们显得幽默机智，或帮助我们完成关于学习和职业的人生重大决定。

　　在这一章中，我们将讨论工作记忆是如何影响儿童的认知、行为以及尚未定型的自我概念的。比如，皮特记得

很多动物的名称，这可以帮助他投入生物学科的学习；麦迪小朋友很难记住人名，这可能会导致有的人不想来参加他的生日聚会，甚至影响他长期的社会关系；埃里克斯很容易就记住了柔道老师教的动作要点，这可能会帮助他更快达到黑带级别，甚至提高他在学习上的自信度和学习动机。我们还会进一步了解到，埃里克斯的记忆到底是他的努力还是外部因素带来的结果，以及我们可以做什么去塑造他的自信。

在接下来的章节中，我们会深入地讨论上述问题。但在此之前，我们要先了解记忆是如何开启我们的自我认识的。记忆使得我们可以沟通、想象、创新，使我们建立社会关系，使我们可以撰写自己的人生历史。关于关键事件的记忆帮助我们连接过往和现在，使我们可以解释当前的一些行为，为我们的生活提供了十分重要的一致性和逻辑。长时记忆将我们人生各个阶段的事件联结起来，而短时记忆，或称工作记忆，则将我们在较短时间内发生的体验联结起来，形成连续的一致感。没有工作记忆，人可能会无所适从，就好像你走到厨房，却突然忘记自己要干什么，在那一时刻，至少几秒钟内，你会体验到一种目的和意图的丧失。之前我们说的所有重要技能都要借助工作记忆来完成自己的工作。**工作记忆能够激活我们的执行控制能力，**

它就像火箭的助推剂一般帮助人们完成多重任务，提高工作效率。

工作记忆像胶水一样将我们的此时彼刻联结起来，由此我们体验到自己的行为是有逻辑、有目的的。你可能已经想象到，它对儿童认知和自我认识的发展有多重要。儿童时期是自我发展的关键时期，每一次连续的体验和互动都能带给儿童对自我的洞察和理解。这些洞察和理解使得他们可以解释过去、想象未来，带来更好的计划和自我控制。工作记忆对行为动机会有持续的贡献，工作记忆的微小差异可能会带来目标导向行为的巨大差别。

1 组块记忆的优点

工作记忆能帮助我们在短时间内记住一些信息组块。一个组块可能是一个电话号码、一个人名，或在记事本上写的一件需要做的事情。研究证明，大多数人能在 15 ~ 20 秒内不经过复述记住大约 7 个组块（当然对年幼的儿童来说可能也就两三个）。但人与人的工作记忆很不一样，即使高智商的人其工作记忆也有可能非常有限。

工作记忆的方方面面

明尼苏达大学的鲁斯纳教授发现，工作记忆和智商并不相关，它只反映儿童执行控制的能力。鲁斯纳教授的研究小组发现工作记忆的某些成分比其他成分发展更早。比如，记住别人面孔的能力（比如回到家后想象同学的样貌）通常在 9 岁时发展并习得，但更复杂的空间记忆能力，比如在头脑中想象城市街道的分布，则在 14 岁左右才得到发展，对某些儿童来说这种能力发展得更晚。工作记忆和智力不能混为一谈。

当然，你可以记住 7 个以上的数字、名字或任务，但这只是因为信息都已经被储存在长时记忆里了。工作记忆决定的是有多少新的信息可以在短时间内存储在你的记忆中。比如在你开始一项新的工作时，第一天你可以记住多少新的名字？至少对我来说，最多就能记住 7 个。

如果你对电脑比较熟悉，你可以想象工作记忆工作的过程，就像软件将信息剪切并粘贴在剪贴板上，信息在一定时间内留在剪贴板上，供工作记忆使用。当然如果我们的大脑可以像电脑一样高效，使信息保存到我们不再需要它的时候，那就太好了。可惜现实并非如此。我们的工作记忆保存是有时间限制的，如果我们不将信息存在长时记忆里，这些信息就会很快消失。所以儿童可以立即重复你说过的几句话，但并不代表他明天还记得。

你的电脑有两种记忆，你的大脑也是

电脑的"长时记忆"放在硬盘里，而"工作记忆"或"操作记忆"则放在内存中。人的工作记忆和电脑的内存类似，支持多任务进程，或把任务保存在剪贴板上直到这些信息被使用。在信息被保存进长时记忆之前，你都不算是学习或领悟了这个信息或知识。工作记忆还可以支持各个组块的联结，使人快速形成更复杂的想法或解决问题的方法。所以工作记忆不但支持即时回忆，也协助任务解决。

假设你13岁的儿子要学习使用木工的工具，如果他只通过观察你使用工具进行篆刻和雕刻来学习，有可能看到的信息很快就会在记忆中消失。很有可能这些信息永远都不会"粘贴"在他的长时记忆中。一个完整的学习过程不仅包含口头的讲授，还应该设计实践环节。在很多情况下，儿童都是愿意动手尝试的。他们自己也有这种感觉，单单通过听讲，无法真正理解进入工作记忆中的信息组块，必须通过动手操作才能理解讲授的内容。对于某些擅长"运动知觉型学习"或者说是"动手型"的儿童来说尤其如此。

工作记忆的性别差异

研究显示，工作记忆存在很大的性别差异。女性更容易在短时间内记住一些随机事件（比如记住日程），而男性却更容易记住自己关心或感兴趣的事情（比如记住自己最喜欢的零食在超市的哪个位置）。麦吉尔大学的一个研究小组发现造成这种性别差异的部分原因是女性身体内的雌激素。我认为这可能也是女孩的阅读能力发展更早的原因，因为阅读需要活跃的工作记忆。实际上，雌激素有助于提高快速学习能力，包括迅速组织听觉信息。

我们应该如何训练儿童的工作记忆呢？如果你家孩子的工作记忆具有优势，你可能在他很小的时候就已经发现这一点了，你很有可能已经对他有一些积极的反馈，训练了他的工作记忆。比如，如果你正上幼儿园的儿子对恐龙感兴趣，你可以借助这个话题教给他很多其他的知识。你可能会这样对他说："我们来认识一下不同的恐龙吧，你看，这就是剑龙，你知道剑龙的'剑'字怎么写吗？"

极少数的小孩会拥有完美的工作记忆，这样的小孩拥有"照片记忆",几乎会记住看到或听到的所有事情。无论如何,通过这种方式引导你的小孩,把信息联系起来,使信息组块由小变大,你的积极反馈会促进他的记忆,而且这本身也是一种有效的学习。

工作记忆是我们的信息库

在信息时代,我们需要记忆很多数字信息,拥有良好的工作记忆会给我们带来优势,这一点或许你已有体验。不说别的,单说你需要记住的密码就有好多:家用电脑和工作电脑、邮箱、网络、银行、网上购物、投资账户、各种银行卡信用卡,所有电子自动化系统无一例外都需要你记住这样那样的数字信息。还有电话号码以及社会系统分配给你的号码(比如学号、工作号)。作为父母,不但要记住自己的号码,还需要记住孩子的。由于数字只有 0 ~ 9 这 10 个,为了互相区别,我们需要记住的数字通常会比较长,这就意味着,我们必须将单个数字联系成整体来进行记忆。

最近我看到一种新型锁,它的密码不是由数字构成的,而是由单词构成的,比数字作为密码更方便。单词比数字更容易记住,因为它可以和个人的经历或情绪相联结。当零散信息和我们的已有经历相联系时，它就更容易被组织起来，进入长时记忆。比如，在学习外语单词时，我们更容易记住那些和我们母语比较像的单词。比如以汉语为母语的你，更容易记住日语的"準備"而不是英文的"prepare"，虽然都是"准备"的意思，但是日语和汉语读音和书写都有相似的地方，所以你更容易记住它。

文化不但影响着成年人，也影响着孩子。如果说你必须记住你的地址和电话号码，现在这些熟知科技和网络的孩子更甚，他们必须经常性地和数字、密码、信息组块打交道。这当然训练了他们的工作记忆，但从另一方面看，这种信息负荷也给他们造成了一定的负担。认识到这一点就不难理解很多父母和老师所观察到的孩子的表现：压力大、易怒、学习动力枯竭。

数字是抽象的，而文字却富含个性和感情

记忆数字信息对于儿童来说是一个挑战，因为它们不像文字那样富含个性和感情。儿童觉得数字很抽象，难以记忆。另外，在当代社会，数字信息也因为要彼此区分而变得越来越长。

电脑：解决了问题还是制造了新的问题？

实际上，人们也不愿加重工作记忆的负担。然而现代生活信息超负荷的问题似乎只会让这种情况越来越严重。在这种情况下，人们尝试设计各种复杂的工具来帮助记忆信息。掌上电脑就是个典型的例子。许多新技术都在尝试把工作记忆的过程外化，难怪我们会把人脑和电脑相类比。在学校里，我们可能会见到学生借助计算器做基本的运算。如果你对此提出质疑，允许学生这样做的老师就会辩解道："为什么要把学生的时间浪费在基本的计算上呢？"你可能会进一步提出，这样做学生可能会得不到足够的基本运算训练，或完全不理解基本运算的原则是什么。如果学生只会操作计算器，他们会不会明白答案是怎么来的？这样省出来的时间是不是被用在更高级的思维加工学习上了？或者我们其实只是在教给学生很多技能而忽略了学习的深度？

什么都会一点儿，但什么都不精通

新兴科技使我们或我们的后代更聪明了，还是更肤浅了呢？无可置疑，信息时代的青少年有着上一代无法想象的知识广度。但广度的获得常常是以深度的缺失为代价的。

生活节奏的加快使我们的一天充满各种或有趣或重要的信息，但也使我们无法分出时间来对某些信息进行更深入的加工。这使得我们成为对什么都懂一点但对什么都不精通的人。这难道就是在"信息高速公路"上飞驰的我们的终极目标？

2 工作记忆促进社交技能的发展

工作记忆还可以帮助孩子扩大自己的社交圈。工作记忆就像一座桥，可以有效地帮助个体融入社会群体。

10 岁的德雷克想要加入到一群伙伴中去，他们正在玩"投篮马"的游戏。在这个游戏中，如果轮到你时你投篮失败了，你就会得到"马"（horse）这个单词中的一个字母，如果你失败了 5 次，得到了所有字母，你就必须离开游戏，最后剩下的人便是胜利者。德雷克记得所有人的名字以及投篮成绩，于是可以很好地和别人互动，他头脑灵活而且知道如何适宜地融入场景。

德雷克也许不会觉得自己是可以同时完成多项任务的人，但从这个例子中我们可以感觉到，好的工作记忆对社会交往来说是多么重要。

与德雷克相比，6 岁的朱丽叶的工作记忆还没有发展到很好的水平，这会给她生活的某些方面带来一些影响。

朱丽叶的新学校对学生们有一些规定，比如进入教室之后应该先在签到板上签名，放好自己的外套，把家庭作业交了，再从装着任务的罐子里抽出一个学习任务来完成。朱丽叶觉得记住这几个步骤对她来说非常难。经常的情况是，门打开了，在老师的叮嘱下，同学们开始吵吵嚷嚷地涌进来，争先恐后地放东西，而她却不知道该做什么，疑惑无助。她只能死死盯着别人，跟着别人行动。她的记忆力问题影响了她的计划能力。朱丽叶经常觉得自己站在人流中间，不知道下一步该去哪里，该做什么。有时候老师对她也失去了耐心，叮嘱她赶快坐到座位上开始上课。对于朱丽叶来说，进入教室的前几分钟都是在焦虑和挫败中度过的。

更糟的是，工作记忆中即使很小的差异也可能会给孩子的社会人际交往带来很大的影响。比如朱丽叶因为不能记住同学的名字，可能就会被同学们误解，认为她对别人都不感兴趣，从而被同学孤立。孤立的真正原因还可能会被父母忽视。这种处境还会造成朱丽叶有较为消极的自我

概念。即使随着年龄增长她的工作记忆有所进步，在很多
别的方面表现优秀，也很难改变她在童年时期形成的消极
自我概念。所以，父母和老师应该及时发现她的工作记忆
问题，并给予持续帮助，这将会使她管理工作记忆的能力
提高，给她的人际交往和自我认识的发展带来积极影响。

为了帮助朱丽叶，她的父母和老师可以这样做：

- 意识到她在某些方面不佳的表现不是因为不努力，
  而是因为认知加工出现了问题。

- 帮助朱丽叶演练进入教室的每一个步骤，并且通过
  练习使之进入长时记忆。

- 在家设立一个"模拟教室"，让她教她的毛绒玩具
  做上课的准备。角色扮演和讲授（即使对象是宠物
  或者玩具）可以帮助儿童更好地保存信息。

- 帮朱丽叶找一个伙伴。对她来讲，只面对一个同学会
  比较简单（记住她的名字，并跟着她完成学习准备）。

- 将接下来要完成的任务以言语或图形的形式表现出
  来，给予她提示。很多工作记忆较弱的儿童都可以
  从符号和列表中获得帮助。他们不需要记住该做什
  么，只要记住去看提示就行了。

- 当朱丽叶在记忆步骤方面取得进步时，一定要及时
  给予强化。支持性的强化可以帮助她减少任务焦虑。

即使最亲密的人际关系也会受到影响

我们和谁关系越近，就越容易想当然地认为他们都知道我们的想法。儿童的友谊就是这种社会期待的萌芽。对于大多数儿童来说，他们的友谊在很大程度上建立在共享经验并互相了解的基础上。朋友之间应该知道对方在某种情境下应该如何反应，知道对方的喜好，记住所有一起经历的高兴的事情。工作记忆良好的儿童很自然地能完成这种期待，但对另一些儿童来说，这种期待会成为一种伤害。

坦雅不能理解为什么雪莉总是记不住给她打电话（总是自己给她主动打电话，她是不是也应该主动打一次）；佛瑞斯不明白雅各布为什么总在疯玩时突然生气（实际上他总是打在雅各布的旧伤上，很疼的）；莫妮卡总是领悟不到笑话的好笑之处，等她理解笑话的后半句时她已经把笑话的前半句给忘了。

工作记忆比较弱的孩子会认为社会互动是一件很有挑战性的事情。在团体情景中，他们很难跟上对话的速度。尤其在新的团体中，他们完全不能记住小组成员的名字或他们说的话。下面的方法可以帮助到这样的孩子：

- 在团体活动的互相介绍环节，尽量使用提示和重复。比如可以说："泰勒，这是鲍勃。鲍勃也喜欢滑雪。鲍勃，你能跟泰勒说一下你的特鲁瑞德之旅吗？"通过这种方式，可以很自然地重复他们的名字。

- 帮助孩子找到友好的伙伴。一对一的社会互动会更容易一些，尤其是和一个比较友好的伙伴。一个好伙伴会帮助孩子更快地融入一个大团体。

- 在孩子打电话时鼓励其使用列表。在打电话时把对方所说的内容要点记录下来，或者写下自己想说的要点。

- 鼓励孩子写日记。这可以让他们将一天里发生的事情都记录下来，包括一些有用的细节（比如戴德可以从日记中找到他忘记的小组长的名字）。

- 让孩子把注意力放在团体活动中发言积极的一两个人身上。团体活动中可能会有一些发言比较积极的人，把注意力放在他们身上会更容易些。在孩子有进步之后，再训练他们转移注意力的能力。这项训练任务可以在家人饭桌交谈或亲密朋友聚会中进行。

记忆时区

因为工作记忆会影响孩子加工信息的速度，有时候他们会觉得自己似乎和别人生活在不同的"时区"。他们的反应总是有一定的时差，这对他们的社会交往造成一定影响。有的孩子其实只是需要更多的时间来对信息进行加工和反应，而其他正常时区的孩子则总是缺乏耐心。在与众不同的时区的孩子于是被排除在集体活动和游戏之外了。

嘿，你在哪个时区呢？

时区 1	时区 2	时区 3
托比喜欢优雅、慢节奏的围棋。下围棋时的放松状态是他最喜欢这项运动的原因。	特伦喜欢和托比下围棋，因为他们可以半个小时就下完，然后干别的事情。	罗纳喜欢下围棋时放一个计时器，一般来说走一步不超过 15 秒。有的时候 10 分钟就可以完成一盘。
卡里会谨慎地选择冰激凌种类。她喜欢在选择之前先尝一下，而且至少要尝 5 种以上。	斯奇普记得自己喜欢的冰激凌口味，所以只需要很短的时间来决定吃哪一种，实际上他只需要从巧克力和抹茶口味中做选择。	对艾莎来说，决定吃什么冰激凌比扣篮还快。在飞奔去商店的路上就知道自己要买什么了——草莓口味！她总嫌自己的朋友们犹豫不决。
斯蒂芬非常不高兴，因为伊万骑车总骑在他前面。	伊万非常愤怒，因为不管他骑车骑得多快，科恩总说他慢半拍。	科恩非常沮丧，因为他最好的朋友斯蒂芬总是要花相当长的时间来完成一件事。

如何处理"时区"差异

当我们帮助处于不同"时区"的孩子来解决他们的问题时，我们最好利用具体的例子，使用时钟作为道具，针对这个具体的例子来对不同的"时区"做最详尽的解释。当然这不是说要拿着时钟和哨子跟在孩子屁股后面，而是要使用一些引导和提示，比如你可以这样说："你觉得你能在分针指到 6 之前把鞋袜都穿好吗？""这件事可能会花掉你刷牙的时间。"或者"如果你不能马上回答我，你可以说'让我再想一分钟'，这样我就知道，你已经听到我的问题了。"这些引导可以让孩子对时间有一个基本的认识。如果把这些引导放在具体的社会情境中效果会更好，这样孩子就会理解他们和同伴在反应时间上的差异所带来的具体影响。

如何帮助在与众不同的"时区"的孩子？

- 教他们表达出自己实际要表达的信息（"呃，让我想一下"或者"这很有趣"）；寻求更多信息（"抱歉，你刚才说什么了？"）或重复刚才的问题（"我晚上想吃什么？"），而不是保持沉默。

- 对幼儿可以使用玩偶，比如"健忘的大象"或者"越狱兔"，来帮助他更好地理解他人，克服自己的困难，勇敢地踏出第一步。

- 用一个身份或一些暗语来提示孩子。当然这些身份或者暗语最好强调的是自我觉察而不是自私。比如安娜和自己的儿子说，他像一个聪明却容易走神的老教授，当他发呆时，她就会说："你又在想什么主意呢?"以此来训练他儿子的反应，比如儿子可以回答说："你一会儿就知道啦。"

- 设置一个可以擦写的小白板，在上面写上一些活动过程，比如"早起后:穿衣，刷牙，吃早饭，把午饭放到书包里"，以此进行提醒。

- 计时器或时钟也可以很好地帮助孩子控制时间，进行日程的提醒。

放慢速度，多些等待的时间

11 岁的塔莎在做运动时总能给成年人和同伴留下深刻印象。她在运动场上很自信，也很希望得到班级里同学的认可。她很愿意回家后和父母分享在学校里的事情。"不要害怕和别人交流，塔莎。"她的母亲常常这样告诉她。然而她还是很害怕和别人说话，因为她总觉得别人提问太快，自己无法跟上，不知道如何反应。她的这个问题在我们开展小组讨论和咨询之后得到了改变。讨论过程中老师提出，塔莎确实是个聪明的孩子，在班里表现也不错。因为知道她的问题，老师总是给她比较长的回答问题时间，这似乎让塔莎觉得更不舒服了。在讨论之后，大家一致决定每次只问塔莎一个问题，而且这个问题可以重复说两三次。我也建议老师在问她问题的时候还可以语气更温柔一些，更慢些，这样可以减轻她的焦虑情绪。在咨询中，塔莎还同意自发地回答问题。她发现自己来决定什么时候参与对话或讨论让她觉得更有控制感。这些相对比较小的措施却帮助她对自己和别人的关系有了新的认识。

保持平静，远离伤害！

如果一个孩子在学校总是沉默不语，很可能是因为他不习惯课堂提问的节奏。快速抢答对一些孩子来讲可能很兴奋，对另一些孩子来讲则会造成焦虑。如果有机会用自己的节奏平静地探索问题的答案，这些容易焦虑的孩子才能表现出自己的真实水平。允许学生用自己的节奏学习可以让学生更自信，也可以让教师更有效地评估孩子的学习情况。

气质可能是产生不同的关键因素

我们经常看到孩子有不同的气质差异，有的反应比较慢而谨慎，在学习和理解新事物时更是如此。有时候，这种气质使得他们无法达到学校和同学的要求，无法达到所要求的反应速度。就像住在乡下的小老鼠进城参观一样，按自己原来的速度行事还没什么，如果要求他们也融入快节奏的生活中去，他们就会有压力，怀疑一切，或者经历糟糕的体验。越来越快的现代社会生活节奏使得这样的孩子成为弱势，很少能受到关注。如果你在生活中遇到这样的孩子，应该首先尊重和理解他们，然后鼓励他们，如果有可能的话加快一些速度。有时候他们认识到自己取得进步了，反应速度变快了，会变得更加自如。当他知道你了解并尊重他的反应"时区"时，会更愿意接受你的指导。

3 别再犯同样的错误了

有限的工作记忆会使你难以把之前的学习应用到新的情境中，造成的结果就是重复犯错。基本上，这些工作记忆有限的孩子一直在不断尝试进行学习积累，但仍难免犯错。

当10岁的哈里森去看望爷爷奶奶时，他的爷爷把他介绍给一位老朋友。"哈里森，这是我的朋友，蒂姆·琼斯先生。"哈里森重复道："你好，蒂姆。"爷爷纠正道："是琼斯先生。"那天迟一点的时候，他们又见到了蒂姆·琼斯先

不分心不拖延：
高效能孩子的八项思维技能（实践版）

生，哈里森喊道："嗨，那是蒂姆！嗨！"爷爷奶奶听了之后很生气，妈妈说他："不会吧？之前才跟你说了呀。"然而哈里森已经不记得之前说过什么了，他还说："你们说什么了？我就叫了一下蒂姆！"

这个例子可能很小，但在社会交往中，人们确实会认为，人都应该从先前的错误中学习。如果不这样行事，就会影响自己在他人心中的形象。哈里森之前的犯错情节并没有进入他的长时记忆，这导致他无法从记忆中再次提取这段经历。像哈里森这样的小孩常常会被认为粗鲁无礼，然而事实却是他们有一些记忆和学习的问题。你可能会说，为什么他们可以记得他们想要记住的东西？实际上，你说的也对，孩子（尤其是男孩）通常只记得他们非常感兴趣的事情。不过我们能责怪他们把注意力都分配给更感兴趣的事情了吗？这只是人类的本性而已。

当有限的工作记忆阻碍新的学习时

发生在学校	发生在家里	和朋友相处
奥利维亚理解分数是怎么一回事，她知道4/6和2/3相等。然而如果要问她把班级里的人分成三组，每组多少人的时候，她就不知道该怎么办了。	昨天，艾贝理解了热量能使物体膨胀，但这并没有帮助他学习今天的内容：脚踝肿了该热敷还是冷敷？	谢尼卡已经厌烦重复解释游戏规则："大家轮流来以示公平。轮到你时，你就应该在我推的时候第一个摇晃。"

发生在学校	发生在家里	和朋友相处
克里斯昨天把桌面收拾得很干净，但今天他看上去有点紧张，有些犹豫，不知道该如何准备今天的科学课。他的老师叹了口气，帮助了他。他暗自问自己："为什么我不知道该怎么做？"	苏珊娜的妈妈想知道她怎样才会记得在吃早饭之前把鞋子摆好，洗脸，收拾床铺。她们已经花了几周讨论并尝试解决这个问题了。	卫斯理从不记得朋友的兴趣，每一次和朋友相聚他都要重新认识他们一次。
亨利已经写完三本作业了。但每一次老师都需要把最基本的要求告诉他并督促他完成。	埃森，你怎么还好意思问我该怎么做？还记得你在瑟斯生日的时候做了什么吗？对翠娜也应该这样啊，说谢谢她的生日宴会邀请，别忘记微笑。	艾普尔是一个好伙伴。但如果她能记得打电话就更好了。她的朋友跟她说，记得给她打电话，可她从来记不起来。朋友也不知道是为什么。

4 请不要误解有工作记忆缺陷的孩子

13岁的克里斯塔要在老师的指导下画出一张图表，这张图表显示这个月同学们的出勤率，完成之后将会贴在教室前面。她学会了如何用横轴表示时间，纵轴表示来上课同学的数量。为了考察她是不是真的理解了图表的制作，老师问："我们该在哪儿标注今天的出勤人数呢？"克里斯塔正确地标在了图表上。"如果明天来 15 个人，明天的点应该点在哪儿呢？"老师又问。克里斯塔也正确回答了这个问题。

然而第二天发生的事情却让老师很惊讶。老师请克里斯塔去教室前面为大家示范如何做这个图表，她十分不情愿地站到了前面。"我们应该首先做什么呢？"老师指着图表提示，"是不是应该数一下来了多少人？"克里斯塔很尴尬，点着头，环顾教室，想要迅速地数一下下面的人数。老师看到了她有些无法集中注意力，鼓励她道："加油，克里斯塔，告诉我们怎么在图上标出这个数据点来，你知道这个该怎么做吧？"克里斯塔指了一下图表，又转过头去，试图再数一下有多少人出勤。"请告诉我们这个点准确的位置。"老师说道。克里斯塔盯着图，耸耸肩，脸红了。沉默变得更为尴尬，克里斯塔摆动身体，表情奇怪。"你今天怎么回事呢？"老师说道："你明明知道这个的。"

这个例子告诉我们，有时候工作记忆的缺陷会被忽视和误解。当孩子无法回答问题时，老师会认为他们本来是有能力回答的，只是不努力或不愿意。老师相信孩子的智力和能力完全可以完成某一个任务时，通常会觉得他们后来出错是因为故意、逆反或不努力。这种情况也有可能发生在家里。克里斯塔的妈妈觉得克里斯塔"看上去呆呆的，有点不成熟"。她的爸爸对她的分心爱忘事也非常无奈："她就是懒得去记住这些事。"

克里斯塔感觉很焦虑，但她把这种焦虑的情绪笑着掩饰过去了。她躲进自己的世界，用看似傻傻的行为转移他人的注意力——"别跟我生气，咱能高兴点吗?"或者试图掩饰——"什么? 我没听见你说了什么，所以我没回答。"虽然她自己也解释不清，但她这种焦虑循环其实只是将自己引入自我怀疑和孤立中。虽然可以理解她的选择，很多孩子宁愿被认为是班里的小丑，或是再平凡普通不过的人，也不愿意被认为是能力低下。不幸的是，当他们鼓足勇气正视自己的不足时，别人可能还不愿意相信他们，因为"他们曾经完成过这些任务"。

别忘了

有工作记忆问题的儿童也许可以在短时间内记住信息，完成一些特定的任务。但他们可能会很难真正记住这些内容，使它们进入自己的长时记忆。这也意味着，也许他们尚未真正习得这些知识。学习时需要新信息在足够长的时间内留在工作记忆中，然后牢固整合在长时记忆中。

给孩子搭建记忆和学习的阶梯

成年人如果想教给孩子涉及过程和程序的知识，一个有效的方法是把整个过程分解成若干步骤。如果你想教儿童如何系鞋带，你需要把过程组织成若干清晰的步骤，比如："首先把你的脚放到鞋里，然后把鞋带向上拉紧，现在交叉鞋带，再把其中一根鞋带从下面穿过来系紧。"诸如此类。如果进一步使用比喻来描述这个步骤，就更容易理解和记忆了："把你的脚放到鞋子里，就像把车停到了车库，然后应该干什么呢？是不是应该关上车库的门？也就是把鞋带拉紧并交叉，最后把车库门锁上，就是把其中一根鞋带从下面穿过并且系上。然后咱们要骑上自行车了，把第一个轮子装上，也就是绕第一个圈，再把第二个轮子装上，绕第二个圈……然后呢，咱们完成了，可以骑车走了。"

通过这种方式也可以把社交学习变得简单一些。比如介绍自己时也可以分解成一些步骤：说"你好"，使用友好的姿势，聊一些会减少社交焦虑的事情。训练时可以以角色扮演的方式进行，重复可以强化我们的工作记忆从而为新的学习搭建起阶梯。

如果一个小孩总是很健忘应该怎么办？

- 给孩子机会练习和重复。先教步骤一、步骤二，然后重复步骤一和步骤二；再教步骤三，重复步骤一、二、三；如此类推。成功后及时给予奖励。
- 经常让孩子给你演示和解释，间隔时间可以有所变化，短到几分钟，长到半天。
- 既给予言语提示，也给予视觉提示，比如使用图片或手势。
- 在孩子没有表现出该有的水平时不要大惊小怪，聪明的小孩在这种时候已经觉得非常尴尬了，不要让他们太难受。

注意积极的进步

当信息超载时，我们会选择关闭所有的信息通道，这是我们人类的本性。这就像是你在开着一辆旧车，如果太用力踩油门，引擎就会罢工。我们能从孩子的脸上看到这种信号：他们这时候通常会避免和我们产生眼神接触，或者眼神发直，从他们的表情和身体姿势中感觉不到能量，他们的思维已经停滞了。

如果我们想要帮助孩子更好地注意和接受信息，我们应该在讲授信息时注意他们的表情和身体所传递出来的信号。保持和他们的眼神交流，声音要抑扬顿挫一些。有效的学习是学生和老师的良好互动协同。好的老师在讲授新知识时通常会给学生留出更多的时间，让他们可以充分接受理解。他们通常在教室里转来转去，看看谁已经理解了新知识，谁需要进一步的提示。老师直接用身体接近、音调变化和身体姿势来回应有不同需要的学生，可以使讲授更有效。

如果有必要，可以重新安排学习环境

当环境中有降低工作记忆效率的因素时，我们应该加以干涉。比如常用策略就是把工作记忆不强的孩子安排在教室前排，以避免他们分心。和老师谈话或在教室里直接观察可以给我们更多的启示。工作记忆会因为分心刺激的减少而变强。所以当我们关上电视，禁止孩子使用社交网络时，他们可以更快地完成家庭作业。在一片空地学习驾驶会比在拥挤的街道上更容易。给孩子提供支持性的环境可以使他们深度加工信息。你还记得你上一次在安静环境中阅读吗？是不是理解阅读的内容更多也更深？

观察孩子在不同环境中的反应，可以找到最适合他的学习环境。一些孩子很难在同一时间做几件事，很容易分心。而另一些孩子却不适应很安静的环境，他们需要从周围环境的刺激中获得能量。刺激对于学习来说是一把双刃剑。只有观察孩子在不同环境中的学习状况之后，才能知道什么环境是最适合他的。

5 有些信息更容易被记住

如果你对王菲的《但愿人长久》这首歌很熟，你一定更容易背下苏轼的《水调歌头》，并且可以长时间不忘记。记忆和学习的其他方面一样，都很容易受到伴随的刺激强度的影响。词句信息通过音乐韵律得到加强，让你更容易记住这首词。孩子的记忆很容易受情绪影响，伴随着情绪的信息更容易被记住。你可能有这样的体验：你的女儿更容易记住她的生日宴会应该如何计划（情绪较强），而不是房间该怎么收拾（情绪较弱）；你的儿子更容易记住如何玩最新的电脑游戏（情绪较强），而不是记得在哪天把垃圾拿出去回收（情绪较弱）。强烈的情绪可能让孩子给出完美的理由来说服你给他买车，完美得都可以去最高法院了，但在说明他为什么要找工作时，就没这么突出的表现了。

动机也能提高工作记忆。比如快速掌握一项工作中需要的技能，去海边度假之前热衷于研究去海边的交通地图。兴趣和动机尤其能激发孩子投入某件事。

海伦热衷于玩帆船，她希望自己的女儿伊娃学会如何收放帆船的主帆绳。"她学不会。我觉得可能是我的催促使得她反而退却了。我对她吼叫，告诉她怎么做，在不恰当的时机逼着她练习。我想我应该等到合适的时候。有一天，天气很好，风也很大，我们在朋友的小帆船里玩。我们互相开玩笑，大声笑着，我为了增添游玩乐趣还摇晃着船。这时候她似乎觉得帆船挺有意思，渐渐有了感觉，因为我让她在较为安全的情境下掌握船帆，她获得了控制感。"

有时候别想太多，单纯地给孩子更丰富的刺激环境，就可以让他们进入开放学习的状态。酵素和蛋白质制造"记忆的痕迹"，大脑组织通过神经元的联结储存信息。通过复述和联结，这些神经网络可以筑起记忆之骨架，使得记住所学的内容更容易。

6 回溯和总结

我们来看看在实际操作中如何应用之前我们提到的这些要点吧。我们学到了如何提高儿童工作记忆的一些方法：

- 把任务变成清晰的步骤。
- 把应该学的新内容和之前的学习联系起来：比如苹果的德语"Apfel"听上去很像英文"apple"，所以学习德语单词时可以结合自己已有的英文知识。
- 多练习，手脑结合，使新的学习内容巩固下来。
- 把学习变得有趣一点。如果有可能，把任务和情绪刺激结合起来，可以使儿童更投入。
- 可以使用歌谣、记忆法等。

让孩子说说他们都学了些什么

时不时地询问一下孩子都学到了什么，看看他们是不是足够专心，这样也更有可能使他们记住教过的内容。比如可以每天问自己的孩子，他们都在学校里干了什么。他是不是记得最重要的东西？你可以试试看，如果提问针对

不分心不拖延：
高效能孩子的八项思维技能（实践版）

的时间段分别是一个小时、半天或者隔天，他们记住的信息有什么差别。我经常和来咨询的孩子一起制订咨询目标的图表，回顾这些目标，然后我会突然把目标图反扣过来，让他们回忆我们一起制订的 4 到 5 个目标是什么。虽然可能他们要尝试很多次才能说对，这也需要消耗我们很多时间和能量，但没有人在说对之前离开我的咨询室。孩子们很高兴，因为自己能正确记住要完成的目标。让孩子成功地做成一件事，可能是行为干预计划最简单也最有趣的开始了。

7 找到优化工作记忆的方法

孩子也许会有各自最优的学习通道：视觉、听觉或动作。工作记忆在孩子使用最佳通道学习时会更有效率。你可能会注意到，有的孩子喜欢在尝试操作中学习，有的孩子希望学习的最初有讲解，而有的孩子则希望有示范。测试孩子最擅长的学习通道可以帮助他们优化工作记忆。

视觉学习者会从视觉提示中受益最多，比如让他们回忆学习时的具体场景或使用颜色分类的学习材料。听觉学习者更能从听觉线索中受益，可以让他们回忆学习时老师说的内容，或将音乐线索和学习材料相联系，以此强化学习内容。动作学习者会在尝试动手去做的过程中达到最高的学习效率。他们也容易受到动作强化的激励，比如给他们一个拥抱或者拍拍他们的后背。

了解孩子最优的学习通道，提高工作记忆

视觉	听觉	动作
让我们来看看这些图片，教我们如何平衡、踩脚踏板以及刹车。看到我说的了吗？	我来讲一下如何骑车，讲完之后你们来重复一遍吧。如果需要你们加速踩踏板，我会拍手示意；如果需要你们减速，我就会吹哨子。	嘿，我把自行车这么放怎么样？这样你就可以模拟骑车了，试着来感受一下如何踩踏板和刹车。
很多东西都可以回收。我们来看看厨房里的东西，很多都是由可回收的原材料制成的。	明天听了格林先生的演讲你就会更赞成回收了。他可以很清楚地解释为什么回收可以帮助我们的地球。	记住我们周日要去公园里帮助回收垃圾。这是一个很好的了解我们生活环境的机会。

你可以结合几种不同的通道模式来强化孩子的学习。比如，如果孩子想要学习如何邀请别人跳舞，你可以口头解释需要做的事（听觉），示范一下如何做（视觉），然后进行角色扮演（动作），让他实际操练一次。观察一下，是否有明显更适合他的方式。如果你自己决定不了，让专业

人士来帮助你评估也是很重要的。心理测试可以让我们更
准确地了解孩子更擅长的学习感知觉通道以及学习偏好，
这些信息能让我们正确地调整自己的教养方式。

工作记忆是可测量的吗？

尽管有许多机构提供这种测评，但很少有父母给孩子
做正规的工作记忆测评。通常工作记忆的测评属于注意力
障碍评估的一部分（更准确地说，我们称之为执行技能测
试）。假如你想了解孩子的记忆能力与同龄人相比如何，我
们建议你还是去做一次专门的工作记忆测评。做测评时别
忘了了解一下孩子记忆能力的强项和弱项。其中一项测试
的内容是这样的：先快速呈现一组人脸的图片，然后再呈
现第二组，之后问孩子哪些图片是他们在第一组见过的。
另一个测试是让孩子口头复述他们听到的一串数字。这些
测验提供了工作记忆的基线水平，也让我们可以明确干预
方案最终期望达到的水平。许多孩子在这些心理测验中的
表现都要超出预期，因为测验环境是平静的、可控的。为
了更准确地了解孩子工作记忆的潜能，我们不仅需要知道
孩子在最优环境中的表现，还需要通过观察了解孩子在真
实生活场景，比如闹哄哄的教室中的表现。两种数据的对
比可以帮助我们了解孩子更容易被哪些因素所干扰。想要

更好地开展干预计划，父母和教师要知道孩子工作记忆的上限与下限水平，以及哪些因素会促进或阻碍工作记忆的发挥。

工作记忆促进记忆容量

为了存储信息或知识，我们的上一辈发明了图书馆，而我们创造了有高记忆容量的电脑。同时，为了加工这些信息，我们所需要的软件也越来越多。信息越多，所需要的信息存储和加工空间也越大，两者之间关系密切。用人脑和电脑比较，思考就像软件，记忆就是硬件存储空间，两者互相依赖，协同发展。儿童的大脑擅长记忆和存储，而存储的信息需要更多认知资源来对其进行加工，如不然，记住的也许就只是固定的知识而不能被应用或解决实际问题。不知道你是否注意到，现在的学龄前儿童已经被要求掌握一年级学生掌握的知识了。尽管已经如此超前，用人单位仍然抱怨说找不到需要的具有实践能力的人才。这也许是因为年轻人总是尽可能多地学习知识，存储信息，而忽略了利用工作记忆对其进行加工，让这些信息真正在实际工作中发挥作用。这个现象强调了工作记忆在培养社会所需人才上的重要性。

另外，即使我们总号称要简化自己的生活，关掉传真，扔掉电话，把电脑捐了，我们的孩子们仍然要面对这个世界的发展趋势，那就是需要同时进行多种工作。意识到这一点是帮助和支持我们下一辈的第一步。作为有责任心的父母，我们才是孩子生活的规划者，我们其实可以创造一个放慢节奏和注重效率的生活环境。虽然不可能把所有情况的节奏都放慢，但我们可以帮助孩子适应环境对他们的要求，设置任务的上限。孩子也自然是欢迎父母帮自己减轻负担，设置上限的。

记忆是共享经验的核心——过去和现在，自我和他人，梦想和现实，都通过记忆联结。我们对自己现在的记忆也许存在怀疑，但毋庸置疑的是，我们的记忆会在未来不断增加。记忆的进化可能会促进未来的发展——以我们无法想象的方式。我们一定会发现更为有效的思考和记忆方式，那些成功的孩子将不可避免地需要这八种技能。之前的章节带领大家认识了儿童发展的几个重要方面，剩下的两个关键的部分我们要在下面的章节中介绍。下一章要介绍的是工作记忆和其他外因是如何影响自我认识和自我控制的。孩子站在镜子面前，开始认识自己，这是非常了不起的一步，它将给孩子发展的其他方面带来益处。这当然也是我们一定想要记住的重要内容。

↓

第八章

技能七，自我意识：认识自己并理解他人如何看待自己的能力

奥奈达只有7岁，个子不高，只有22公斤重，但她在体操练习场上光芒四射，教练说她甚至可以成为很优秀的体操选手。她跃入空中毫无畏惧，弹跳也很干脆，不犹豫。"她非常坚毅，但有时候似乎有点太过了。"她的父亲说道："奥奈达在体操馆里会忘记周围还有别的孩子，也不愿意教练把注意力分给别的小孩。她知道自己很棒，也知道我们都以她为傲。可她总会和别人产生一些不必要的矛盾。我只是希望她可以更多地考虑别人。她是不是还不够成熟？"

乔纳森11岁了，但他长得比同龄人都高，他为此很烦恼。他很害怕去学校，尤其是当身边有很多人的时候——

第八章
技能七，自我
意识：认识自
己并理解他人
如何看待自己
的能力

比如走近学校门厅，进入体育场以及下课的时候。在这种
时候他都是最引人注目的，他觉得自己总像高塔一样在同
学间移动。一些孩子觉察到了他的尴尬，给他取外号，叫
他"怪物"。乔纳森的父母和老师见了两次面，担心他的情
况。他可能已经开始时不时暗自哭泣，也拒绝和父母一起
出门。老师并不知道如何处理这种情况。"我知道乔纳森比
较高，"老师说，"但学校里也有别的高个儿，他们都以此
为傲，还故意表现呢。其他学生似乎更容易接受自己的样
子。而乔纳森总驼着背试图把自己藏起来，有点缺乏自信，
因此成为一些小孩欺负的目标。我希望他可以接受自己的
样子，并且把自己的身高看成是一项优点。"

到现在我们已经解释了执行控制八项技能中的六项。
我们把注意力放在问题解决上，这六项能力能帮助我们有
效完成任务，集中并保持注意力。现在我们来具体看看大
脑的执行技能是如何促进社会性发展以及人际交往中的问
题解决的。不管我们说的情况是兄弟间的相处，班级同学
分配集体任务，还是青少年实习的职场人际关系，大脑的
执行控制能力都能带来洞见，促进问题解决。大脑执行技
能可以帮助我们更好地认识与监控自我，帮助我们做决定
以获得想要的结果，或在某个特殊的情况下帮助我们处理
和解决问题。自我意识的这些方面可以帮助儿童投入社会

交往，在某一具体的社会情境中做出正确反应，促进社会互动。

自我意识的第一个阶段，儿童将会问："我是谁?""我和别人一样吗?"（比如："我是一个比我身边的朋友都喜欢数学的人。"）自我意识的第二个阶段，儿童会意识到不仅仅是自己不同于他人，他人和自己对同一个情境的反应也不一样，人们有自己独特的偏好和意见。这又带来下一个问题："别人都怎么看我?"（比如："老师喜欢像我这样的小孩吗?"）自我意识的第三阶段，儿童关于自我的知识将会不断积累，开始提出新的问题："如何调和我对自己的看法和别人对我的看法的不同? 是否需要我改变行为? 如何改变?"（比如："虽然我很没有耐性，但我要是一下子说出所有答案，别人会认为我在炫耀。"或者"我在运动后会很渴，可以喝下一升的运动饮料，这对我来说很普通。可是我的妈妈会说我喝太多了，会叫我'小怪兽'，所以我还是应该留一点给别人。"）

这些自我意识的阶段也对应着不同的社会交往能力的水平，而这种能力到青少年末期或成年都不一定能完全发展成熟。对于认知有障碍的儿童来说获得成熟的自我意识尤其困难。

第八章
技能七，自我
意识：认识自
己并理解他人
如何看待自己
的能力

克里斯是一个聪明的 16 岁男孩，他患有阿斯伯格综合征，这意味着有时候他的父母会因为他不敏感的表现而烦恼。"我说话时不太考虑别人的感受，我的爸爸告诉我说，如果我想对别人的外表或者做的事情发表看法，应该先问问他是怎么想的。有一次我跟我堂弟说他长得很矮，爸爸跟我说虽然这是事实，但我这么说是不对的。你应该知道我的意思吧。"

有多动和注意力障碍的儿童和青少年也在发展自我意识上存在一定的困难，他们总是无法集中注意力，比较冲动，这使得他们很难进行自我反省或进行社会学习的练习。

有一次我问 9 岁男孩杰克的母亲芭芭拉，杰克在学校和别的孩子相处得如何。"这就是我们来这儿咨询的原因，我们可以控制他的多动，但很担心他在别的孩子心目中的形象。有一次我看到他在操场上横冲直撞、抢别人的玩具，等不及和别的孩子玩儿。他好像在自己的单行道里走着，其他孩子都在躲避他。"

自我意识从重要的互动中发展起来，和大脑相对应的主要脑区是前额叶和右脑半球。造成非语言的学习障碍、阿斯伯格综合征以及其他一些社会交往缺陷的神经发展障碍的部分原因，是大脑前额叶和右脑半球之间联结不足。

这些区域的主要任务是创造有效的社会性思维，尤其和自我觉察相关。2001 年发表在《自然》杂志上的一篇文章报告了一项实验研究，被试者在左脑或右脑被麻醉的情况下看自己的脸的图片。左半脑被麻醉之后，被试者仍然可以回忆出自己曾经看过自己的脸的图片，但右脑被麻醉之后，他们就无法完成这个回忆任务了。这项研究强调了右脑对自我意识发展的重要作用。执行技能不仅帮助我们客观看待自己，还提供给我们发展能力的机会。

1

词句、表情、身体姿势

有特殊需要的孩子很容易不知不觉地就引起别人注意，这种社会暴露对他们来说存在一定危险。在某些情况下，由于对自己缺乏正确的认识，或者说缺乏自信，他们很容易成为被欺负的对象，成为受害者。下面有一些简单、实用的方法可以让孩子认识到这一点。

注意你的词句

- 你在人前说话多吗？一般来说，你是一直说个不停还是完全不说话？

第八章
技能七，自我
意识：认识自
己并理解他人
如何看待自己
的能力

- 你和别人说的是一个话题吗？
- 你说话的时候，是不是会注意不要伤害到别人？

注意你的表情

- 你经常微笑还是皱着眉头？
- 你记得和别人有眼神接触吗？
- 你是否注意你在倾听的时候也有眼神交流？

注意你的身体姿势

- 你是不是在不适当的时候触碰了别人的身体或东西？
- 你是否不小心制造了太多噪声？
- 你是否会无意识地挠或揉自己？
- 你是否会扯自己的头发或者含着自己的头发？

询问孩子是否可以去观察他人的表现，并根据大家的表现来调整自己的行为，包括言语、表情和身体姿势。这可以帮助他更专心地去观察别人，增强自己的社会意识。比较特殊的儿童需要在这方面接受更多的帮助和指导，由此来弥补他们在执行技能发展方面的不足。

2 思维的镜子——让自我意识"照进"行动目标

还记得我们之前谈到的和儿童目标制订息息相关的目标创建、步骤计划吗？其中的目标也包括社会目标。自我意识可以帮助儿童采取行动，改善自己的目标和计划。和自我意识相近的词是自我觉知，而自我觉知某些时候会带来一些负面效果，比如可能会给儿童带来焦虑和困惑，或从需要解决人际冲突的情境中退却。与之相对，自我意识则包含一种主动的自我控制，以及调整自己的行为以达到积极的效果。自我意识的能力基于对行为和行为结果的理解。

自我意识可以促进工作记忆，使新的信息更容易进入长时记忆。年龄和经验可以带来儿童自我意识的成熟。比如 8 岁的小孩可能还不能收集足够的信息来分析他应该如何去赢得新的朋友（他也许看不出来自己的强势是造成他无法赢得新朋友的原因）。然而三年之后，11 岁的小孩就可以知道应该如何改变自己的行为，来获得新团体的认可。

青少年阶段是自我意识变化增长的关键期，荷尔蒙的

第八章
技能七，自我
意识：认识自
己并理解他人
如何看待自己
的能力

增加，身体的变化，使得他们开始对不同性别的人产生兴趣。成年人在这个阶段的任务就是帮助青少年正确认识自己的这些变化。开放并且注重事实，可以帮助青少年更好地过渡，帮助他们的自我意识从片面向统合发展，帮助他们从脆弱走向自信。

自我意识帮助我们未雨绸缪

就像过马路前需要看清楚两边的车辆，自我意识能帮助我们在问题发生前认识它并设法避免。比如，如果艾森记得上次忘记和自己的堂弟说"再见"这件事，就可以在下次避免犯同样的错误，能做出这样的考量也意味着他已经开始理解社会行为和结果之间的复杂关系了。儿童可以回忆起对自我意识带来影响的事件，这就推动了他们社会成熟度的发展。

劳伦很漂亮，她享受着别人对她的关注和追求。她记得有一个男孩，她虽然不喜欢，但逗他的时候他会很激动，有很强烈的反应。她虽然觉得很有趣，但也记得当自己没有给出相应回应的时候男孩受伤的表情以及自己内疚的心情。她现在 14 岁，还不怎么考虑别人，但当她 18 岁的时候就会更加注意自己对别人的影响了。用她自己的话说："也不是吹牛，但太吸引人了有时候会让自己的生活陷入混乱，在你可以对别人呼来喝去的时候，更应该知道怎样做才是对的。有的女孩只是玩玩，然后显摆一下她有多厉害，可以让这个男孩对她俯首帖耳。我得注意是不是别人也觉得我是这样的女孩，得注意自己的举止。"

根据自己的经验以及对其他人普遍看法的了解，年龄大一点的儿童或青少年可以领悟到应该如何建设性地和别人相处。

最常用的方法

我们可以通过提问来引导各个年龄段的儿童，让他们讲述自己的经历，提出建设性或引导性的问题，使他们聚焦于事件中的某些方面。这个方法在帮助儿童做重大决策时最有效。

"你希望朱利安可以跟你分享她的魔法手杖。你觉得你自己在什么时候会愿意和别人分享东西呢？你有没有发现朱利安对你的什么玩具感兴趣？你觉得怎样跟朱利安说更好呢？如果你按你想的方法做了，你觉得朱利安会怎么看你呢？"

"哦，你希望更多的人来参加你的生日聚会。你是不是应该早点通知别人哪天举行聚会？是不是用更个人化的邀

不分心不拖延：
高效能孩子的八项思维技能（实践版）

第八章
技能七，自我
意识：认识自
己并理解他人
如何看待自己
的能力

请方式会争取到更多的来客？你觉得来参加的小孩儿都喜欢什么样的活动？你是不是应该先问问别人，安排在什么时间他们能来参加?"

自我意识标志着成熟

自我意识的出现和发展标志着成熟。在这里我们把成熟定义为能从过去的经验中学习，能表现出自我控制（目标导向行为），以及在不同的人际群体中有适宜的行为。我们可以从儿童的语言以及和他人的互动中观察并评估这些能力。当然这些能力或者说成熟度是相对于同年龄的其他儿童而言的，它会在不同环境中保持一致，也会随时间变化而发展。

观察儿童的自我意识能力

自我意识发展较好	自我意识发展不足
14 岁的姚踏上了击球手的踏板，注意力集中在投手身上，完全不理会对手们的评论。他的经验告诉他这些评论完全只是为了使他分心，让他打击不中。所以他只是一笑置之，注意力非常集中。他的队友们认为他很酷。	尼克尔又哭了，因为她被选为最后一个踢球的人。她完全忘记了其他的好事，比如自己是这周的明星学生，她有很酷的球鞋，这周还要去迪士尼玩。她很受伤，因为没有人愿意安慰她，她完全不知道其他人觉得她是被宠坏的孩子，表现很愚蠢。

自我意识发展较好	自我意识发展不足
埃拉走进表哥的房间，找他要回自己的笔记本电脑。她知道如果自己表情严肃并且身体姿势表现出强硬的态度，就会顺利拿回自己的电脑。	瓦特在他哥哥的朋友面前炫耀。他吹嘘自己如何和别的小孩打架，并且觉得大家都很愿意听自己讲的故事。他不明白为什么哥哥在朋友走了之后会骂他。"你就是嫉妒我。"他对他哥哥说。实际上哥哥是因为瓦特让他难堪了才不高兴的。
瑞安告诉他的科学课小伙伴："这样吧，我家有宽带，所以我来负责在网上查资料；你家有大的车库，而且你的动手能力比较强，所以我们在你家把作业要求的东西做出来吧。"他知道收集资料是自己的强项，也知道他必须考虑别人的强项，鼓励同伴。	"哦，我也可以做这个。"奥莉薇主动申请道。"你不是已经有三项任务了吗？"她的老师说。"我知道，但我也可以做剩下的工作，我妈妈会帮我的。""但是你还没问你妈妈呢。"老师提醒道，"而且我真的觉得大家一起分担任务才可以把你们这个团体项目做得更好。"

我们常常容易自我欺骗（有时候这是很有效的防御机制，有时候我们需要面对的现实实在太残酷了，我们必须这样才能应对），然而我们也知道，成年人如果自我意识不足将会承受痛苦。小孩子的一些无意识的愚蠢行为是可以被理解和接受的，但当他们步入青少年或成年时期，当他们变得更能适应环境的时候，社会对他们的容忍度就变低了。在生日聚会上表现不好的小孩是可以被原谅的，而成年人在公司聚会上表现得缺乏自我意识则被认为很古怪，甚至会因

第八章
技能七，自我
意识：认识自
己并理解他人
如何看待自己
的能力

此丢掉工作。自我意识是执行技能的核心，和受欢迎程度、友谊、领导力息息相关。当我们遇到激怒我们或让我们烦心的人时，我们常常会自问："她听见自己说什么了吗?"或者"她意识到自己的表现了吗?"答案常常是"没有"。自我意识的能力从幼年便开始发展了，并且和同感共情的能力十分相关。共情是维持和睦的人际关系所必不可少的。

3 我是谁?

婴儿意识到自己的身体脱离母体，并独立存在，标志着自我意识的萌芽。虽然我们尽力满足婴儿的需要，但婴儿在很小的时候就感觉到自己的需要并不总是能被满足。有时候这样的场景对他们来说比较有挑战性："塔拉，别着急，妈妈会帮你把球滚过来的，但我得先帮你姐姐上厕所。"对大多数孩子来说，意识到人际交往有界限、世界充满了冲突这一点是比较困难的。自我意识帮助儿童认识这些冲突，并在其间寻求自己合理利益的获得（寻求自我利益的获得不是年幼儿童能完成的任务，它常常意味着儿童最根本上的成熟。成年人会通过做出正确决定来获得合理利益，比如表现友好，尊重秩序，对不想要的事情说不）。

在探寻"我是谁"的阶段，儿童也开始迈出寻求归属的第一步。当我们更多地认识自己的时候，才有可能去了解我们属于哪里或哪个团体，以及和谁最合得来。执行技能可以帮助儿童分析自己和别人的相似之处，以及如何利用相似性这座社会交往的桥梁。值得注意的是，具有动作学习优势的儿童，可能更多地通过跑步、触摸、操作进行学习，所以在除身体自我意识以外的其他自我意识的发展上会有一些延迟。那些会乱跑乱撞，或运动能力很强的儿童，可能在描述感觉、理解动机、理解自己的动作对他人的影响方面会有一定的困难。另外他们对身体感觉、感官刺激的需要也比较强烈。所以，对于具有动作学习优势的儿童，你可能需要给予他们更多的指导，才能使他们更少地闯祸，和他人保持健康的人际关系。

你的孩子是一只忙碌的小蜜蜂吗？

具有动作优势的儿童通常非常活泼好动，常在自我意识和社交技能的发展上落后于同龄儿童。如果一个小孩拥有运动员的身体素质，动作协调，活力四射，他很可能会通过运动来表达自己。比如他会在成功完成一件事情后来一个空翻，或在不知道如何和一个人聊天搭讪的时候跑个四分钟。这也是可以理解的事情，我们生来就只可能具有某一些方

第八章
技能七，自我
意识：认识自
己并理解他人
如何看待自己
的能力

面的特长，不可能在哪方面都很优秀（我现在都还不会空翻呢）。

你是谁？

儿童不单单在探索学习他们是谁，还在学习中摸索自己和他人的区别。了解自己和他人的差异是学习人际交往的第一步。对于儿童来说，了解这种差异可能是在协商解决游戏如何进行的过程中发生的。对青少年来说，这种差异学习可能更深入，可能会在价值观的讨论中发生。不管何种形式，了解人与人之间的差异，人际间的协商都是帮助我们和他人和睦相处的重要技能。这里有几个关于"自我—他人"意识的例子，这些情况可能会在不同的年龄段出现。

了解人际差异的意义

儿童早期

成熟的"自我—他人"意识	尚不成熟的"自我—他人"意识
布赖恩吃掉了所有的动物饼干，除了狮子饼干，因为她要把狮子饼干留给自己的弟弟。她知道，这样做可以让弟弟在分发巧克力豆的时候让着她。	提特在班级庆典的时候玩得挺高兴，但是他在一个游戏中玩不够，有时候老师必须把他拽到下一个游戏中去，这样其他的小朋友才有机会玩他一直玩的游戏。

儿童早期

成熟的"自我—他人"意识	尚不成熟的"自我—他人"意识
哈撒德知道自己的妈妈不太高兴，所以他画了一幅画，上面有自己和妈妈笑着的样子，他说："这样她就和我一样高兴了。"	印迪和妹妹一起洗澡。他一直在拍水踢水，完全不管是否吓到了小妹妹。妈妈说："你看你，萨哈眼睛里都进水了，是你非得让她跟你一起洗澡的，还这么折腾。"印迪说："嘿，我们玩得高兴着呢。"

儿童中期

成熟的"自我—他人"意识	尚不成熟的"自我—他人"意识
谢恩知道自己可能会在野营的时候感到害怕，所以他叫上了自己的朋友——艾莫瑞，他应该会很高兴，因为出去野营就可以整个夏天都避开他的继兄。而谢恩可以因为有个兄弟在身边而更勇敢。	欧及尼亚在她妹妹的生日宴会上组织大家玩一种新的踢球游戏。所有孩子都很高兴，除了她的妹妹。因为大家都疯跑着，没有人停下来看她打开自己的生日礼物。
在连续回答对 4 个问题之后，以撒刻意放慢速度，让小一点的孩子也有机会回答。他觉得："他们知道我很聪明，但我不希望有人觉得我好像把什么都霸占了。"	多安站在合唱队的前排，在市长就职的庆祝典礼上献演。虽然父母都在做手势示意，他仍然不顾劝告扯开自己的衬衫挠肚子——他觉得太痒了。

第八章
技能七，自我
意识：认识自
己并理解他人
如何看待自己
的能力

（续）

青少年期

成熟的"自我—他人"意识	尚不成熟的"自我—他人"意识
雷希望自己可以融入球童团体，尽量让其他人感觉舒服。所以他虽然告诉别人他的爸爸帮着在组织高尔夫课程，但没有告诉别人实际上爸爸是这个球场的主人。	戴尔对自己能加入网球队非常兴奋，一直喋喋不休地说着，尽管格雷费还绑着夹板和绷带。
萨曼莎很沮丧，因为自己最好的朋友哈迪大一就辍学了，但她很快意识到哈迪的抉择也许是对的，哈迪应该给自己一年的时间来看看自己是不是对时尚设计有足够的天赋和热情。	艾迪尼亚兼职做服务生。她总把客人点的菜搞错，忘记在第七个桌子那儿检查已经上的菜，现在她还告诉顾客说，她希望他能理解自己不是专门干这个的，她之后还要去上大学。

　　对人际差异的理解是比较复杂的，因为我们本能地认为别人和我们是相同的。维托里奥博士和其他一些科学家通过实验证明了"镜像"神经的重要作用。这些神经细胞在个体从事某些任务或观察别人从事这些任务时有相同的激活。比如在下面这两种情况下我们的"镜像"神经都会同样被激活：帮助母亲卸下买回家的菜或者观察自己的哥哥帮助母亲卸下买回家的菜。科学家发现，当我们的"镜

像"神经被激活时，我们会假设别人在从事相同的任务时其动机或思维都和自己相同。所以当我们看到自己的哥哥帮母亲做事时，会觉得他不过是在母亲面前故意表现（自己的动机）而不是真正乐于助人（也许是哥哥真正的动机）。神经科学的惊人发现帮助我们认识大脑是如何推测别人的感觉的，揭示了共情的生物学基础。从对教育的影响来看，"镜像"神经的发现也促使我们去践行我们希望孩子去做的事情。当儿童观察学习我们的行为时，他们也在建立共情和体谅他人的神经联结。

心理理论

在儿童人际意识发展的过程中，有一项能力是非常重要的，它被心理学家和学者称为"心理理论"。这项重要的思考和推理能力需要儿童对其他人的思维或感觉有所觉察，理解他人和自己的不同。

年幼的儿童还未发展出成熟的心理理论，所以他们常常认为别人和自己的想法是一致的。经典的心理理论实验是这样进行的：实验者给 3 岁的幼儿一个盒子，盒子上贴着糖果的图片。实验者问幼儿："盒子里有什么？"大多数 3 岁的幼儿都会说："有糖果。"然后发现打开盒子之后里面

第八章
技能七，自我
意识：认识自
己并理解他人
如何看待自己
的能力

只有黄色的铅笔。下一步，关上盒子后实验者继续问："你的朋友要看到这个盒子，会觉得里面有什么呢？"3 岁的幼儿会很有自信地回答："铅笔。"为什么 3 岁的幼儿会觉得其他人认为里面是铅笔呢？因为他们觉得自己所经历的和自己所想的，别人也会经历并且和自己的想法相同，就像大家共享了一个思维一样。如果儿童有这样的表现，标志着他的"自我—他人"意识发展还不够成熟。与之不同的是，如果 4 岁的幼儿得到了相同的任务，他们会意识到盒子表面的图片并不显示里面的东西是什么。当他们被问到其他人会认为盒子里是什么的时候，他们会说是"糖果"。因为他们意识到，其他孩子可能会被盒子上的图片误导，而给出错误的回答。

这个实验表明，儿童很小的时候就可以了解每个人都是通过自己的经验来看世界的。这对儿童共情能力的发展影响巨大。只有当儿童理解其他人有自己的独特经验和思维方式时，他们才能理解其他人和自己不一样的想法。伟大的思维总是各异的。儿童会逐渐猜测别人的感觉和思维，考虑别人的处境，并表现在体谅他人的行为上，进而发展出较高的共情能力。

大多数 4 岁儿童都可以预测同龄人的想法，除了孤独症群的儿童。他们总是会花更长的时间来发展这项能力。实际上，心理理论能力的缺乏（无法完成心理理论任务）被认为是孤独症群儿童社交能力障碍的最重要的诊断标准。然而这种障碍也不是完全没有治疗的可能。麻省理工学院的研究者发明了一种"情绪社会智力辅助系统"。它其实是一种可穿戴的计算机，可以通过分析他人的身体移动和面部表情来解读其思维和情绪。在分析之后，计算机会通过声音和触觉将信息传达给穿戴者，由此协助有情绪社会障碍的人。这是不是会终结社交尴尬的情况呢？不幸的是，可能单凭电脑无法准确完成人类能完成的任务。你能想象在社交场合中佩戴电脑辅助机完成社会交往的情景吗？多半是会更尴尬吧。回到现实，我们还是来说一下构建和促进自我觉察的一些基本策略吧。

理解他人的所思所想

- 对不同的选择给出评价。"你和你的哥哥这么不同，还挺神奇的，你喜欢打游戏而他愿意一直玩拖拉机。""你知道我最喜欢你哪一点吗？你虽然是我们家最小的孩子，却在面对新事物的时候最为勇敢。"

- 鼓励孩子猜测其他人的想法。"他们在比赛最后一分钟换上了新的四分卫，你觉得这些孩子都在想什

第八章
技能七，自我
意识：认识自
己并理解他人
如何看待自己
的能力

么？""你注意到伊莫瑞经常自己一个人回家吗？他是自愿这样还是因为害羞呢？"

- 理解别人的感受。"你确实应该愤怒，但我觉得你应该想想你的妹妹为什么穿了你的毛衣。你注意到她有多希望成为你吗？""我能想到两种可能。一种是他会很惊讶看到了你，另一种呢？你能猜到吗？"
- 常常问为什么。"我很为你骄傲，你能猜到弗兰克叔叔对他的邻居有什么看法。但你这么认为有什么依据呢？""看看你的小妹妹，一直努力想跟你说话。你觉得她为什么要这么努力呢？她其实只会说几个词呀。"

4 别人怎么看我？

随着对自己的认识的逐渐深入，我们也更能体会别人的看法，包括别人对我们的看法。这项能力的提高会带来很多实际的好处。当我们能觉察别人对我们的看法的时候，我们就可以更好地理解他人做出的行为。更进一步，如果我们希望别人对我们有不同的态度和行为，我们就需要首先理解他们的看法，对自己的行为做出调整，以改变他们的看法。

来看看 11 岁的埃斯塔，她非常苦恼为什么奶奶愿意和她的弟弟聊天，而很少和她聊天。妈妈注意到埃斯塔总是很爱生气，就跟她谈了一下。她承认自己脾气很差，妈妈帮助她理解了为什么奶奶会这么做。"你知道吗，埃斯塔，在你很小的时候你就不喜欢奶奶的手工和花园，这可能伤害了她的感情。我知道她其实是很爱你的，但她不知道你也爱她。我们想想应该怎么把你对她的爱表现出来吧，然后再看看你们两个人的关系会不会有所改变。"

这种方式可以激发儿童自己的执行大脑，创造洞察和判断的机会，给儿童带来强烈的自我控制和自信。毕竟自我控制并不仅仅是表现出社会允许的行为，也包括能带来自己希望的结果的控制感。

儿童逐渐通过别人更客观地理解自己，执行技能在这个过程中帮助解读信息，帮助信息进入工作记忆，如果运气好，这些信息就会进入长时记忆。这个过程积累了和自我相关的知识。在这个日渐复杂和社会化的世界里，这些知识是必不可少的。

第八章
技能七，自我
意识：认识自
己并理解他人
如何看待自己
的能力

理解他人的感知

我认为我们想法一样，但实际上……	我还是应该考虑你的感受
克林特走进房间，从弟弟那儿抢过电视遥控器，他的弟弟开始抗议，他却说："嘘，公牛队开始打比赛了。我们差点错过！"	克林特知道这是公牛队最后一个季度的比赛了，他冲回家想赶上这场比赛。回家后却发现自己的弟弟正在看最喜欢的动画片。他走过去对弟弟说："嗨，老弟，你想跟我一起看一场很精彩的比赛吗？这可是世界上最强的梦之队，现在比赛就要开始了，我们男人应该亲历他们如何取胜，不看会后悔的！想看吗？你坐在我边上，我给你解释。看完之后我们还可以一起去玩篮球。怎么样？你最棒了！"
他的弟弟于是去找妈妈评理，克林特被批评了一番。他很不理解："但是妈妈，他只是在看动画片。你难道看不见吗？公牛队的比赛已经开始了！"他觉得弟弟和自己一样，应该对篮球充满激情。	
卡里觉得从新学校的大厅走过去很难受。"为什么他们都看着我？没人跟我说话。每个人都很不友好，我不喜欢这里。"他皱着眉头，这么想。他没有客观地思考一下，学校新来了学生，其他人很有可能会如何反应。	卡里注意到很多人在他走过学校大厅的时候看他。他试图去理解，如果学校里来了新的学生，自己会有什么反应。可能会比较好奇，希望和他交朋友，但可能也比较害羞，不愿先说"你好"。他也意识到自己走路时总是看着自己的脚。于是，他开始抬头冲其他孩子笑，有的人也对他回应了微笑。
4岁的耶纳的妈妈生病卧床了。"妈妈，"耶纳叫着，跳上了床，对妈妈说，"你能带我去游泳吗？"	4岁的耶纳做了一张"祝妈妈早日康复"的卡片，上面还有红心和花朵。他对妈妈说："你很快就会好起来，我们就可以一起去游泳了。"

241

我认为我们想法一样， 但实际上……	我还是应该考虑你的感受
马拉打电话给自己的朋友切伊，大声说："你会气死的，哈哈！我刚赢得了一张后台票，去看你最喜欢的组合的演出！我是最后一个打进热线的人，我将和组合成员见面，获得签名和其他礼物。真好呀！"	马拉打电话给自己的朋友切伊，说道："我希望你不要生气，我刚得到了一张你最喜欢的组合演出的后台票，你可以把你的 CD 和 T 恤衫给我，我帮你签名。因为你我才赢的，我希望我可以把这个机会让给你，但主办方不允许。记得要开机，如果有可能我会让他们给你打电话的。"
塔尼亚叹着气。她已经在阁楼花了一小时来收拾奶奶的东西了，现在有点累和烦。为什么爸爸让她收拾这些破东西呢？"爸爸，谁还会用这个花边底座盛蛋糕呢？为什么不直接拿个盒子把这些破东西装起来扔掉或捐掉呢？阁楼上面很热呢。"她抱怨道。	塔尼亚不知道怎么收拾奶奶的这些手绢和花边垫布。这些东西闻起来有旧箱子的木头味儿，但她知道如果自己帮忙收拾并保存奶奶的东西，爸爸会好受点儿。她收起自己的叹息，从爸爸的眼神中感受到了他的感激。

体谅别人，难道只是一种礼貌吗？当然不是，虽然礼貌也是一项宜人的人格特质。当儿童或青少年有优秀的社会觉察能力时，其他人也会对他的洞察、觉知以及共情给予积极回应。最终，他们能够从他人角度、从多个角度考虑事件或情境，给自己带来更为广阔和平衡的认识。比如，一个青少年得到了英语老师的负面评价——"她觉得我老

第八章
技能七，自我
意识：认识自
己并理解他人
如何看待自己
的能力

开玩笑，比较浅薄"，但因为他可以从不同角度考虑，他也
很容易找到与之相平衡的事实——"但是其他老师喜欢我
的这种幽默"。

一些儿童尤其容易受他人意见的影响，容易因为这些
评价变得焦虑不安，产生负面的自我意识。比较成熟的做
法是把其他人的看法放在一个合适的框架中，由此不会把
某一个极端的评价或看法视为事实，而是将之视为很多看
法中的一种。这也是心理学中的一个概念——主观性。有
趣的是，这种主观性是建立在客观评价的基础上的。学校
在儿童很小的时候就开始培养他们对专业论题形成批判性
思维，有的甚至在小学阶段就开始培养了。我的建议是，
这种批判性思维的教育可以延伸到人际交往情境，在很多
情况下，它都可以提升自尊，促进情绪智力，比简单的
"我能行"教育要有效很多。

应用多层次的视角

自我意识发展的下一个阶段就是整合其他人对自己的
观点，由此判断自己应该如何作为。这显然比从不同角度
看自己要难一些。你也许能想到，完成这些任务都需要工
作记忆的参与。简单来说，从多个角度思考问题需要工作

记忆记住足够多的信息，并保持足够长的时间，直到它们被加工。举个例子，塔克本来因为布莱斯的评价想要辞掉做学校地段义务交通协警的工作，但想到其他三个孩子对自己的夸赞，还是决定继续做下去。考虑不同的评价和声音并找到原因，理解自己的行为可能会带来不同的反应，对于大龄儿童或青少年尤其有益。

我在学校咨询室常常遇到这样一些孩子，他们无法推测他人的喜好，无法回答最简单的自我意识的问题（比如，如何成为别人的好朋友，你和你的姐姐有什么不同）。我很担心他们的自我意识会阻碍他们的社会交往。这些孩子有一些不清晰的自我描述——他们的生活经历彼此之间是分离的。他们无法理解你喜欢骑马的原因是你的妈妈曾经是一个很好的骑手，你成为兽医的原因是你的美好童年是在马厩里度过的。

鼓励多角度认识自我

当你看到或听到	你可以试着这样做
丽莎随时都会哭。她总能偶然听到一些事情，让自己很受打击。她不能相信别的女孩是这样看她的。	"宝贝，你上优秀学生榜，成为游泳校队队员和班委绝非偶然，"妈妈说，"你是我见过的最努力的孩子。如果不相信，你可以问崔西、雅米、理查德先生、托比先生、你的校长或游泳队的教练……"

第八章
技能七，自我
意识：认识自
己并理解他人
如何看待自己
的能力

（续）

当你看到或听到	你可以试着这样做
简等不及要回家踢球。"其他球友需要我去考虑怎么踢，"他告诉自己的爸爸，"我可以主管一切，他们很幸运。"	"也许你们应该轮流来组织踢球活动，"爸爸建议，"你也许不会相信，但其他孩子其实也很希望能当一回头儿。你不想他们认为你很自以为是吧？"
和选择乐器演奏的哥哥不同，泰特决定参加表演课外小组。他在第一场演出中搞错了台词，但还坚持着。	"这对你来说是很重要的一天，泰特，因为你决定尝试一些新的事物，虽然并不容易。我知道这有些让你难过，但我和你妈妈欣赏你为自己做的决定。"爸爸说道。
7 岁的谢比不让 3 岁的表弟跑过草坪玩水车。"这是我的领地。"她说。	"也许你不愿和表弟分享你的水车，因为你知道表弟有自己的游泳池，你希望自己也有。但他很喜欢你，邀请你去他家，还让你下周去他家游泳呢。他把你看作很重要的榜样，希望尝试你做的事情。"

　　不管是在工作场所、家里，还是在学校，我们都需要多角度思考的能力，需要避免非黑即白的判断。我们的世界，尤其人际关系，包含多种颜色。请教育自己的孩子认识并尊重这种差异吧。我代表他们的前额叶感谢你。

　　我们已经看到自我意识能帮助儿童更好地认识自己，

帮助他们认识自己和他人的不同。认识客观的能力是自我觉察能力发展的支点。然而什么决定了儿童客观性的获得呢？下一章我们会讨论，情绪是如何影响自我觉知以及在他人心中的形象的。我们会看到，持续一生的理智和情感的"舞蹈"是被执行大脑所编排控制的。

↓

第九章

技能八，情绪管理：
合理表达情绪的能力

情绪管理是大脑执行技能的一个主要功能，也是儿童期发展的一个关键问题。情绪调节是自我控制的核心。情绪调节能力让儿童能处理强烈的情绪唤醒。情绪调节也意味着我们表达的情绪与引起情绪的事件或想法相符合。实际上，情绪调节是一种"损害控制"。也就是说，当有强烈的不愉快情绪时，那些具备"损害控制"能力的孩子可以调节情绪强度，更快速地恢复平静。自我控制不仅是保持良好情绪状态的关键，也是日常生活中最重要的技能之一。

《世界地图》一书的作者简·汉密尔顿生动地刻画了一

个儿童早期的生活场景，这个场景对于情绪失控儿童的父母来说可能一点儿都不陌生：

> 我不会答应我 5 岁的女儿艾玛的请求——把牛奶放在她的红色塑料杯里，因为那样她就会把牛奶往她的麦片粥里倒……艾玛的尖叫声让水晶花瓶咯咯作响，让我觉得头疼。她拍打着椅子，情绪非常激动。根据以往的经验，我知道我没办法安慰她。"艾玛，艾玛，艾玛。"我只能这么喊她。我很希望我能够教会她泰然自若地面对生活中的小波折。有可能我的一个过错会引起一整个早上的连锁反应，一个脾气接着一个脾气，直至我们绝望了才结束。她是个近乎歇斯底里的孩子，泪水总在她的眼眶里打转……不知道这狂风暴雨的几年我是如何靠着平静而深沉的母爱支撑下来的。我讨厌她生气时的无理与暴躁。她没有任何理由愤怒。

一个经常发怒、反复无常的孩子会很快地摧毁父母的"效能感"。然而大多数的孩子（和成年人）只是偶尔这样，只有少部分的孩子始终不能管理自己的情绪。和大人一样，失控的情绪状态对孩子来说也是令人恐惧和不利于成长的。

如果太多的心理和身体能量被用来应对情绪爆发，这样的家庭中会出现很多矛盾也就不足为奇了。任何一个生活在艾玛式灾难中的父母都知道，让孩子掌握情绪调节能力是很困难的。当儿童被学校劝退，或者青少年从事危险、违法活动时，大家就会意识到情绪失控的严重后果了。这里提到的情绪失控，很可能就是"执行技能"不足导致的。

　　情绪失控不仅意味着情绪过激。有些孩子的情绪反应不是过强，而是不足。那些像"超级大懒虫"的孩子，对任何事物都缺乏兴趣爱好，这让他们的看护人很担心。通常这些孩子的父母希望他们能偶尔活跃一下——变得浮躁，大喊大叫，或者大哭——怎样都可以。在本章中，我们将探讨为什么一些孩子会有过激或不足的情绪反应，并且着眼于怎样才能让孩子在日常生活中有合理的情绪反应。尽管对执行技能的探究接近尾声，我们还是不得不强调它。帮助孩子调节、管理自己的情绪对于有质量的生活（这里指远离欲望、延迟满足和稳定的刺激）来说是必不可少的。如果我们能引导孩子的情绪健康发展，那么无论他们将来遇到怎样的个人挑战和困难，生活都将会更加轻松、充实。

1 传送到执行大脑的情绪

尽管我们已经讨论过大脑前额叶皮质控制着我们的执行技能，但情绪调节能力主要还是杏仁核（皮质下方的大脑边缘系统的一部分）的功能。关于杏仁核在情绪、记忆、社交行为中扮演的角色，已经有了很多激动人心的研究成果，科学研究也已经逐渐揭开了杏仁核在处理和过滤传送到执行大脑的情绪信息方面的神秘面纱。简单来说，可以做个这样的类比：当一个警力调度员（杏仁核）接到一条紧急呼叫时，她必须首先弄清楚呼叫的内容，判断事件的紧迫性，再把呼叫转接给恰当的行动组（前额叶皮质）。问题在于：对于信息分配过程我们能做的很少，我们的重点应该放在儿童如何对信息做出反应上。随着孩子进入青春期和成年期，情绪调节能力变得更加重要。青春期的过渡并不容易，看看在青年期显著增长的伤亡事故数据就知道了。父母渴望青少年在这个充满冲动、欲望、恐惧和冒险的时期能够有自我控制能力。然而不幸的是，孩子的身体和体能的发育通常会超过判断力、洞察力和自我控制的发展。而如果这些方面得到了发展，也就预示着他们的执行大脑已经日趋成熟了。

丹尼尔·戈尔曼在《情商》里提到，情绪调节对成年人而言同样重要。戈尔曼认为：情商在处理复杂关系和情绪问题时，至少和智商是同样重要的。我由衷地赞成这句话：“当我们致力于发展大脑执行技能时，我们是在帮助孩子做好迎接未来社会的准备。”

有足够多的证据表明，自我控制对于不同年龄、不同环境中的儿童来讲都是一个挑战。回想一下我们前面讨论过的，与其他年龄段的学生相比，学前儿童是那么频繁地被学校开除。这一现象在一定程度上反映了社会对于秩序的要求（至少在像学校这样的场所）和一些儿童大脑执行技能的发展水平之间并不匹配。并不是所有 3 岁的孩子都能在与同伴发生冲突之后再平静地回到班级的集体活动中。对一些孩子来说，消极情绪带来的负面影响不仅会让自己不安，也会波及其他人（其实不只儿童会如此，我也见过成年人在高尔夫球场推杆失误后愤怒地摔了球场的吉祥物，这真的让周围的人很尴尬）。

因为我们生活在一个急剧变化并且常常一片混乱的世界，我们对那些不会控制自己极端情绪的孩子很少有足够的耐心，尤其是在公共场合。万幸的是，我们还能容忍婴儿在商场或者展览馆的情绪失控。对无休止的哭闹我们可能会心烦（这很正常），但我们不会认为这个婴儿在发展方面有问题。

然而，如果是一个 5 岁的孩子，情况就会大不相同。如果这个孩子不能适应幼儿园的生活，每天都做出让人崩溃的事情，我们会很不耐烦。因为我们期望一个 5 岁的孩子不需要过多的安抚、妥协和转移注意力等策略就可以管理自己的情绪。难道这真的合理吗？

大多数老师和父母会看到在孩子发展过程中，自控能力是不能提升的。但是我们也要看到个体差异的存在，而不是要求全部孩子都达到平均水平。就像一些孩子需要花更多时间才能学会骑自行车一样，有些孩子也需要花更多的时间来学习如何管理情绪。有时候情绪调节困难的孩子与其他孩子相比并不是缺少技能，他们只是需要更多的时间和关心。

让我们思考一会儿

提升自我控制能力的一个有效的技巧是换一种方式来理解当下的情境，从而引起情绪的改变。研究者凯文·奥克斯纳和詹姆士·格罗斯将这种方法称为"认知重评"，他们发现孩子直到 10 岁才能具备认知重评的能力。举个例子，一个 10 岁的孩子去医院看望她的奶奶，感到很沮丧。她可能想："奶奶看起来那么糟糕，她会去世吗?"或者对情境进行再评价之后她也可能会想："我感觉很焦虑，我可以去问问护士怎样才能使奶奶高兴起来。"几十年的科学研究告诉我们，这种认知重评的能力会改变我们对特定情境的情绪反应。

很多情绪都是在不经意间产生的，以至于我们没有时间去阻止它的升温。你知道有的人的情绪水平会在仅仅几秒内从 0 飙升到 60 吗？尽管这与个人的个性特征有关，我们仍然可以通过补偿性的策略使情绪得以缓和。最有效的策略之一是把经验置于一个更广泛的背景中。（"是的，他说话很伤人，你很生气，这我能理解。但是别忘了，他今年已经有很多次说这样的话了，每次你都觉得你们的友谊结束了，但是之后他会道歉，然后你们会重归于好。这是你们相处的模式。"）通过这种叙事方式形成一种积极的态度，或者至少对事件有积极的解释，这种能力很大程度上取决于执行技能。如果一个孩子没有能力使用这种特殊的技巧来自我控制，我们要用创造性的方法来指引他回到正确的方向上。我们可以使用"替代叙事"的方法，代替孩子来讲一个清晰的故事，还可以示范那些适应性的反应。

稍后我们会讨论更多相关的技巧，但是首先，让我们回顾一下自我控制能力在童年期和青春期所扮演的重要角色吧。

2 执行大脑的指挥协调

还记得我们提到过大脑执行控制的八项技能是互相配合、协调工作的吗？下面我们通过一些例子来看看自我控制能力是如何与其他七项技能一起，共同帮助孩子实现潜能的。

能力的协奏曲

发起行动。泰迪知道他需要先割草，但他真正想做的是密室游戏。看到房间角落的游戏机，他想象自己要是能玩几分钟该有多好啊！几乎同时，他也想到了父亲发现他没有割草时的脸色。这一瞬间的信息加工已经足够让泰迪说服自己先割草是一个更明智的决定。因为这样他就有更多的时间来玩游戏，也不会被父亲批评了。

思维灵活性。莫妮卡的教练建议，如果她想要赢得下周的比赛，她需要加强防守能力。尽管这个建议很有针对性，也确实可以帮助莫妮卡和她的队伍赢得比赛，但是莫妮卡却把教练的建议当作对她个人的批评，这妨碍了她采纳有效的建议成为更好的运动员。

保持专注。对于康妮来说，在社会学课堂上集中注意力是很困难的。康妮看着钟表，感觉这堂课永远没有尽头。其他同学也有同样的体验，但是不同的是，康妮能客观认识自己的情绪，她认识到了自己的沮丧只是在特定情境下的正常反应。这种认识让她能控制好自己的情绪，能够长时间地集中注意力学习那些应该去学的知识。

计划能力。金为了未来的工作业绩必须同时跟进几个项目。他需要考虑给这些项目的每一步分配多少时间，并且记住不要超前计划。他面临的挑战是要调整好自己的状态坚持到底并实现目标。他的妈妈经常帮他检查进度，指导他好好利用空闲时间，表扬他的热情和坚持。

组织能力。玛尔塔要为全家做一个假期购物清单，重要的是花销不能超过预算。走在商场里，正处于青春期的她被各种各样的商品所诱惑。玛尔塔不忘时刻查看她的购物清单来提醒自己哪些需要买、哪些不需要买。就在去年她还没有掌握这项技能，结果度过了一个混乱的假期。

工作记忆。波林对于今晚的舞会是那么兴奋，以至于她已经忘了之前学习的一些社交规则。她所能想到的是哪些孩子会出现在舞会，她的装扮怎么样，谁可能会邀请她跳舞。她的爸爸温和地提醒她让边上的人插话，问候朋友，花时间和不同的人聊天。他还幽默地扮演了一个希望引起波林注意的朋友。这样的练习让波林能在聚会时调用储存在大脑中的社交技能。

自我意识。当米格尔想到要去参加一个为期一周的夏令营时，他感到非常焦虑。他问父母："我应该和别的孩子说什么呢？我甚至不认识他们。"他的父母鼓励他分享自己住在哪里，有什么兴趣爱好，期望在夏令营中做什么。当米格尔考虑他们的建议时，他的自我意识提醒他，说些自己熟悉的话题会让他感觉更自信。

由于个性和环境的不同，一些孩子会比别的孩子更早地学会自我调节。然而所有的孩子都能从长期的训练中获益。无论孩子的感情表达是高强度且戏剧化的，还是低强度且抑制的，我们都能帮助他们在情绪上"调节音量"。

3 执行大脑无法应对的情绪问题

许多主要的心理问题都会涉及情绪失调。像躁郁症（双相情感障碍）、对立性障碍和相关的行为问题都不能仅从执行技能的角度来解释。一部分情绪问题与执行大脑有关，另一部分则超出了执行大脑的能力范围。我们并不打算在这本书里讨论这些心理问题的干预措施，但是当我们感觉到很有可能存在某些问题时，最好做个专业的诊断。误诊会让问题变得更糟。例如，若躁郁症被误诊为注意力缺陷，对应的精神兴奋性药物不但不能成功治疗，反而会使病情恶化。如果抑郁被误认为学习困难或者适应问题，孩子也许就得不到有效的治疗。请确定做出诊断的人既要有精神疾病相关的知识，也要了解儿童和青少年的神经发育。

精神疾病中的情绪失调不同于执行功能障碍中表现出的情绪问题。

- 情绪失调明显的特点是会有更加外显的、长时间的抑郁或愤怒。例如，一个抑郁的孩子会保持持久的低沉情绪。与此相对应，有执行功能障碍的孩子，

257

其情绪爆发没有这么频繁。

- 相比于执行功能障碍，情绪失调更加深植于个性。童年期外显的问题经常是成年期性格问题的前兆。这样的问题需要长期的心理治疗。

- 与精神疾病有关的情绪失调经常由一些心理创伤引发。在这种情况下，儿童的行为和情绪问题来源于痛苦的经历、令人不安的过往或对未来的极度焦虑。这与由大脑执行技能不活跃而导致的情绪问题有很大的区别。

- 与精神疾病有关的情绪失调需要不同类型的治疗。通常情况下，针对抑郁问题需要抗抑郁剂，针对躁郁症则需要情绪稳定剂。尽管本书中介绍的干预措施也会让这些患有精神疾病的儿童获益，但他们还需要药物配合治疗。

一个令人担忧的时代现象

多数父母和老师都意识到一个令人担忧的趋势——精神疾病类药物被越来越多地用于问题行为和过激情绪的干预，甚至还没有证实有任何明显的潜在精神疾病迹象的孩子也在被迫使用药物。2006 年，《普通精神病学档案》报道：用于儿童和青少年的抗精神病药物的比例是惊人的。

2002 年这些药物的使用频率是 1993 年的 5 倍多（你可以想想今天会是什么情况）。服用这些药物的人大部分并没有精神疾病，他们只是具有攻击性、愤怒或情绪失控的孩子。

这样的现状极易使人愤慨，也容易让人产生关于制药公司与医生之间勾结的阴谋论的联想。然而这个数据里还包含着成千上万一对一的私人咨询室开出的药量。这到底是怎么了？其实并不需要花太多精力去弄清为什么越来越多的孩子接受药物治疗。毕竟，是我们——家庭、学校和社区——要求孩子接受治疗的。我们应该责备医生用药物来停止那些看起来无法自我控制的孩子声音越来越大的叫嚷吗？与此同时，我也见过有些武断的父母要求医生给孩子开一些精神类药物。最后我们要认识到：减少药物的使用是大家都乐于见到的改变。

我的工作中有很大一部分是和这些接受药物治疗的孩子打交道，有时候这些药物对于一个试图保持自己与现实世界联系的年轻人来说就是一根救命稻草。曾不止一次地，我把孩子转介到相信药物能解决问题的医生那里。也有一些时候，问题的原因很清晰，我知道从哪里入手可以改善孩子的情况。但大部分时候情况要更为复杂——造成问题的原因不是单一的，而是系统性的。有人认为最根本的原因是忽视以及情感资源的匮乏。但就我看到的而言，我认为根本原因是我们对资源的分配越来越遵循"经济"原则了。在美国，人们把越来越多的时间放在工作而不是家庭中，这早就不是什么新闻了。而父母对家庭的时间与精力投入是孩子健康成长不可或缺的（很遗憾，加拿大、欧洲国家和日本也开始出现类似的情况了）。与父母一样，许多老师也很少花心思和时间来思考如何创造性地回应孩子的需求了。孩子富有攻击性、注意力不集中、目中无人的行为问题只能通过成年人的关注或药物得到缓解。对许多家庭来说，给予孩子足够关注的代价是难以承担的。就像一位妈妈说的："如果我辞职去照顾布兰登，谁来养活我的另外两个孩子？"这样的话道出了家庭在养育子女方面面临的挑战和无奈，也让我们理解为什么许多人把药物看作救命稻草。除非我们社会的重心有所改变，否则这种趋势将持续下去。

4 三个关键挑战

情绪一直影响着我们，但是有三种类型的情绪反应模式在儿童的行为中起决定作用。这三种反应模式是反应过度、反应不足和戏剧化，它们都会在社会交往过程中造成交往对象的沮丧。它们对社会交往结果的影响方式和程度不同，从普通的让他人不耐烦，到被同伴孤立，甚至有可能引起持续数小时的情绪爆发。下面让我们分别了解一下每种反应模式的具体情况。一旦我们知道了问题背后的原因，我们就能够找到训练儿童做好情绪管理的策略。

挑战一

"我想他太喜欢抗议了"

安吉拉是霍尔登的幼儿园老师，霍尔登 6 岁了，他让安吉拉很头疼。霍尔登已经留级了一年，他的父母希望他能够顺利升入一年级。"他的入学准备问题让我们有很大压力。在我们这个地方，不可能让他上两次幼儿园。如果他不能达到一年级的要求，他就会被安排到一个特殊班级。"霍尔登太容易不安、冲动和伤心。一旦他变得不安，口头安慰根本起不到多大作用。"前一秒钟他因为见到一只小狗走进教室而失控，下一秒他又因为害怕这只小狗大哭起来。"安吉拉说，"我唯一能做的就是靠全班的氛围来带动他。当所有人都在做一件事情时，只要不出什么意外他就可以和大家一起。但是在自由活动时间他就会不知所措。如果我有时间，我会告诉他接下来该做什么，那样他会表现好一些。可如果没有我在他身边鼓励他、帮助他，他就会失控。"

情绪控制的一个主要维度就是在执行技能的帮助下学会如何应对不同严重强度的事件。对于大脑执行功能还不活跃的儿童来说，过度反应是一个很常见的问题。一般来讲，过度反应的儿童会对很小的事情发脾气，就像下面这样：

你的孩子会过度反应吗？

- 达莱尔斯之前一切都正常，直到他咬了一口奶酪汉堡。"太烫了！"他大嚷道，"我不喜欢它这么烫！该死的奶酪汉堡！我讨厌你！我讨厌你！你弄伤了我的嘴巴！"还没到 15 秒，奶酪汉堡就被扔到了地板上，只见达莱尔斯红着脸，举着叉子在厨房里四处跺脚。

- 伊尔亚娜总是被她的弟弟惹生气，但有时反应太过激烈了。"妈妈，就是这样。如果他再一直对我说话，我就扯住他的头发，不停地抓他，直到他哭。"她倒在沙发上边哭边说道："为什么他又拿了我的红色铅笔？"

- 费思一动不动地坐在沙发上，瞪着眼睛。"怎么啦？"妈妈问。"为什么从来没人打电话找我！"费思咆哮着说，"如果根本没人联系我，我怎么面对大家？我讨厌有一个从来不响的笨蛋手机——它让我觉得一无是处！"

注意，在所有这些例子中，微不足道的问题引发了强烈、不当的反应。虽然对大部分孩子而言偶尔都可能会有过度反应，但持续的过度反应对孩子的自信来讲是一个不利因素，对家庭和谐也是一样。

挑战二

"喂，有人在家吗？"

反应不足或许是最不被重视的一种情绪管理问题。为什么？因为当孩子反应不足时，他们通常觉得"不在我们的雷达探测范围内"。这有时可能会很省事，尤其是对繁忙的成年人来说。但当孩子不能感受或表达足够的情绪时，我们就应该重视了。有效地表达自己的情绪可以让别人知道我们在关注他们的一言一行，情绪也是我们应该与他人分享的重要部分。过度反应与前额叶皮质和杏仁核之间的相互作用有关，而反应不足却和大脑右半球的关系更密切。这部分大脑负责非言语沟通，比如我们通过肢体语言来回应对方的动作或语言。研究显示，孤独症、阿斯伯格综合征和非语言学习能力丧失等症状有一个共性的特征，那就是右脑知觉能力不足。在这种情况下，孩子的社会交往就像被一层浓雾所笼罩着，哪怕对方发出了非常强烈的信号也很难被接收到。也有一部分孩子反应不足是因为他们过度焦虑。这些孩子宁愿大人认为自己没有情绪，也不愿真实表达自己的焦虑。如果你有个青春期的儿子，你可能就懂我说的意思了。在《沉默的男孩》这本书里，我提到很多男孩当感到被别人注意时会有多么不舒服。最后，在一些情况下，反应不足也可能是因为情绪在累积，累积到一定程度就会爆发。

你的孩子反应不足吗？

- 梅勒妮的表情在她妹妹走上舞台领取毕业证时并没有变化。随后，当每个人都拥抱她妹妹的时候，梅勒妮还是静静地坐着，看着他们。"梅勒妮怎么了？"她的哥哥问："她难道不知道完成高中学业是一件大事吗？"

- 当其他生活在一栋楼里的男孩尽情玩耍时，佩佩站在操场的边缘。他想加入，但是他从来不表达出他想玩的意思（微笑、请求或者手势）。他的妈妈想知道他是太害羞，还是仅仅意识不到表达的重要性。

- 兰斯听到其他男孩有关于他文身的嘲讽时，他没有说一个字。他的怒气不断上升，但是找不到一个词来形容他的感觉，他对于处理那些感觉是茫然的。其他的男孩想："这家伙就像一个超人，什么事都

不分心不拖延：
高效能孩子的八项思维技能（实践版）

敢做。"他们几乎没有意识到兰斯的情绪已经积累
到了爆发的边缘。

虽然一个反应不足的孩子很少给周围的人造成麻烦，
但他应该得到大人的关心。发展良好的孩子能有效地在各
种情境中做出反应。反应不足的孩子被不幸地认为是反应
迟钝甚至冷漠。有时我们说把情绪反应强度调高到中等的
程度，可能还不如说把情绪降低到中等程度更容易理解。
但一个情绪表达受抑制的孩子确实需要学习如何去识别和
表达自己的感受——这是一种和别人相处的重要途径。

挑战三

你能感受我的痛苦吗？

很多时候，这些孩子的反应是很明显的——说一些有
关他们自己或别人的戏剧化的言论。自然，这会令父母很
吃惊。如果一个 6 岁的孩子说她希望自己"从来没有被生
出来"，相信我们会很震惊。很多父母因为孩子戏剧化的语
言而为他们寻求治疗，认为这些话表明他们有自杀的想法。
但我们忘了，孩子会从生活中各种渠道频繁地听到这类话
语。当孩子感到沮丧，想要造成某种情绪上的影响时，他
们会利用那些能够制造恐慌的话语，并且很多孩子感到这

些令人惊慌的话几乎能够确保吸引父母的注意。如果你的孩子倾向于戏剧化言论，你可能有过以下类似的经历：

你的孩子反应戏剧化吗？

拉塞尔的母亲走进家门，关掉电视，说："拉塞尔，我告诉过你，做完作业前不要看电视。"拉塞尔吼叫着："什么？你就是恨我，你为什么不杀了我？我要报警叫警察来抓你。"

尼娜独自坐在她家的后院里哭个不停。尽管奶奶说待在外面很热，尼娜仍然待在那里。坐在六月火辣的阳光下，她几乎要被熔化了。奶奶似乎听到她说"这是我生命中最糟糕的一天"，然后惊讶地多看了她一眼。

阿方索把他的滑板车举过头顶，很显眼地站在那里。"放下它。"他的父亲喊道。"你认为你能控制我吗？"阿方索答道。"不，但我觉得天黑的时候把你叫进来是对的。"他的父亲说。"这不对。我要逃跑，再也不回来了，你的规矩要把我毁灭了。"

这样的挑战看上去是很可怕的。作为大人，我们必须严肃对待孩子们的感受，即使我们怀疑他们只不过是在说大话，是为了表达悲伤而有意为之。然而，大多情况下，孩子说的这些戏剧化的语言只是他们情绪的武器，而不是他们的真心话。另外一些情况下可能是因为孩子对自己的强烈情绪有点过度兴奋。情绪敏感的孩子有时会被情绪带动而停不下来。小一点的孩子不停地哭，可能仅仅是因为他们现在在哭。你难道没有见过一个小孩被什么东西吓到，安抚之后又一次哭起来吗？强烈的情绪会造成深刻的记忆，有些孩子需要更长的时间平静下来。然而，当人变得情绪过激时，其他人最好保持冷静。有时候澄清问题会有帮助。例如，你的女儿哭着说如果你不带她去看 13 岁以下禁止观看的电影，她就去死。你有如下方式可以来应对：

女儿："噢，天呐，为什么总是这样？詹妮尔都能去。"

反应一："宝贝，不要那么沮丧，我们真的不是不让你看电影，只是我们担心那种电影不适合你看。没必要沮丧，也许我们能找到你喜欢看的另一部电影。那不更好吗？"

反应二："冷静下来，我们已经说了你不能去看那部电影。你知道，没有人会为了一部电影而埋在沙发里尖叫、哭泣。我们理解你很沮丧，等你冷静下来后，我们再坐下来讨论你的选择。当你准备好冷静谈话时告诉我们。"

两种反应都传达了一样的消息，第二种反应更像是提供了激活执行控制能力的技巧。因为它包括了明确的信息，界定了事情的严重程度，并且提供了解决问题的方向（冷静下来，我们再谈）。

当然，如果一个孩子重复地爆发情绪，或者在耐心、反复的指导下仍不能控制情绪，或者你不确定，那就请咨询专家排除精神失调或导致情绪爆发的其他潜在原因。

5 怎样为情绪调整"音量"？

大多数自我调节能力差的孩子都有强烈的被动反应倾向，所以我们应该鼓励它的反面品质——积极主动。作为父母，要帮助孩子获得积极主动的反应倾向可以采取三种基本的技巧：提示孩子你观察到的某种问题；帮助孩子把问题具体化，以增强他解决问题的能力；支持你的孩子，以减少他的挫折感和孤独感。同样，这些干预技巧也是执行控制能力缺失的孩子极其需要的。掌握了这些技巧，你将会激发并提升孩子的执行技能。

调节孩子情绪的三种技巧

提示

　　和孩子一起创造一个非语言的信号系统，这将让他知道何时情绪开始增强。在情绪还没有失控时去降低它的强度会更加容易。尤其是孩子很小的时候，父母关于情绪逐渐增强的提示，能帮助他们注意到自己的情绪变化，并练习对那些感受做出不同的反应。一位家长用她的食指轻点她的另一只手三次，提醒她的孩子做三次深呼吸。她用激励的笑容面对孩子，同时告诉孩子："我知道这对你很难，所以深呼吸一下吧。"信号系统很棒，因为这让孩子觉得父母是自己的朋友。

　　当孩子长大一点后，在给提示信号之前，应该及时强化他们对情境的反应。当孩子学着更加自主地调节情绪时，要记得表扬他。如果孩子冷静下来，就像之前提到的例子那样，父母可以摸着孩子的肩膀，向孩子解释说："做得好，我爱你！"孩子的年龄和性别将决定最适合他的信号类型。当男孩子在临床练习中将想法和行为建立起重要联系时，我喜欢伸出拳头，和他碰一碰。这个手势意味着"加油吧，孩子"。男孩子们懂得这个，因为我第一次做这个手势的时候已经说过了。

具体化

- 可以把情绪反应当作孩子的一个选择。用讲述事实的语气来讨论不同的选择可能带来不同的结果。我能回想起来，当我的孩子两三岁时，我教他战胜情绪的情形。我会说，"好，让我们考虑一下。你想一直哭还是等做完训练后再接着哭?"这个简单的干预是为了帮他意识到他可以选择保留他的悲伤或失望，或者他可以控制他的伤心情绪，因为他要做他更想做的事。（我们中许多人认为情绪是发生在我们身上的——在我们控制之外——这经常会导致我们为不好的行为找借口，如"我不是针对你的，我被情绪冲昏了头脑。"但我们需要承担对自己情绪的责任。）

- 教孩子识别情绪。当孩子能够说出不同类型恐龙的名字时，他们也应该能够说出不同类型情绪的名字。成年人可以和孩子一起练习辨认他们在其他人身上观察到的情绪。词语有助于孩子察觉自己的情绪体验。这样孩子渐渐就能分辨它们的不同，这对掌控情绪很重要。例如，当一个孩子能够理解生气、失意、激怒和失望的区别时，他就能更好地管理这些情绪。

　　一个最受喜爱的促进情绪具体化的练习是父母带孩子到公共场合，保持一个合适的距离去观察别人，让孩子猜测别人在想什么或者感受是怎样的，这是我最喜欢的鼓励孩子将情绪具体化的练习。这类练习可以帮助孩子了解自己的情绪。我们越能辨识我们和他人的情绪是相似的，就越能泰然自若地应对我们的情绪。

　　青春期的孩子是很自恋的。一个"忧郁男孩"或"戏剧女王"能够从帮助他人中获益。克里斯蒂的父母看见他们的女儿在周末很早就去儿科病房服务感到很吃惊，因为这时学校的社区服务活动已经完成了。"以前我不得不把她叫醒让她早点去。现在看着她坐在地板上，朝一个孩子微笑并唱着轻柔的歌。我在想，'这不是我的女儿'，我的意思是她从不会在我们面前绽放笑容。"她的妈妈说。同样，青少年有鉴别事物的能力，可以鼓励他们自己去确定目标。"你知道的，埃利斯，变得这么热情要花很大精力。假使我们弄明白怎样把那些精力以一种他人能够欣赏的方式全部释放出来将会怎样？"

支持

　　预测情绪反应并提前表示共情。"我知道你会想念妈妈，所以让我们设计一个特别的方式，以便妈妈出差在外时你的感觉更好些。"当我们用语言表达我们的预测，我们就是在示范如何提前考虑，这样我们就能缓和一个突发事件所带来的情绪波动。

柔和地表达拒绝。尽管对孩子来说学会接受拒绝很重要，但学着去做却很困难，因为这很让人受打击。我们需要一种让人觉得没那么冒犯的方式。可以尝试着说，"孩子们，你们能出去踢球或者找一些更安全的东西在房间里面玩吗?"而不是说"不要在房间里踢足球"。

变换情境也许有帮助

变换情境或者环境，对各种类型的自我调节问题都能有所帮助。举个例子来说，如果你把一个自我封闭、不能表达自己想法、反应不足的孩子带到户外开始射击铁环，把他从人群中带出来和他单独相处，相比让他参与一个必须在众人面前发言的任务，他可能会表现得更好。一个关于"如何搭帐篷"的讨论比你坐在他的对面盯着他的眼睛跟他谈话更容易，即使你的本意是表达自己的关心，他可能感觉更像是审问。

改变审问式的对话方式，也会让反应过激的孩子有所

好转。当他好转时，就可以把他带到安静的地方，或者做
其他活动。然而，需要留心的是，有些吸引别人注意的孩
子恰恰情绪会更加高涨，在做杂务时发脾气的儿童或在家
庭度假中感到非常无聊的青少年，可能会用过激的情绪试
图获得控制感。遇到这种情况，通常最好用言语表达你对
所发生事件的理解，然后指出过去这种行为是如何适得其
反的。接下来，重新界定情境来缓和紧张。"看，我知道这
是你最不喜欢的工作，但如果你现在开始做，你将会在你
朋友来这里之前做完。"

6 镜子，镜子，告诉我

家庭成员的榜样作用对孩子学习管理自己的情绪有着
意义深远的影响。可以肯定地说，孩子会将父母表达情绪
的方式视为被允许的，然后用同样的方式来表达自己的情
绪。这种联系有时候并不明显，尤其是对那些迫切想要展
示领导力而没有对必须承担的义务有完整理解的父亲而言。
那些认为自己要扮演老板的角色，而孩子应该扮演下属角
色的父亲，错过了与孩子建立深层联系的机会，更进一步
地说，是建立真正领导关系的机会。有时，我们不假思索

地对孩子说童年时期父母曾对我们说过的话，而不管这是不是我们真正想对孩子说的。当父母面对孩子的不顺从而怒火中烧时，孩子将很快理解这个意思，"如果我非常想要达成某个目标，我就应放大声音"。如果我们对小刺激过度反应，也就给了孩子可以这么去做的许可证。当一个4岁的小孩子把饮料洒在地上时，如果你发了个小小的脾气，你就是在吸引甚至引诱他配合你的情绪。我们每天都有很多烦心事，很难一直保持适度的情绪反应。但你4岁大的孩子可能不会意识到你是因为快要迟到了才大喊大叫的。孩子会认为因为小事发脾气是可以接受的。一旦孩子习得了这种方式，当他们进入青春期时，他们也会用同样的方式处理情绪。这就像我曾经帮助过的一个母亲和她17岁的女儿的情况一样，当妈妈大喊"我对她无礼的态度感到很难受。我是她的妈妈呀。我有权利选择我要约会的人，我想穿什么就穿什么。她的女儿说："我的上帝，听听她——她才是那个需要接受咨询的人。"青春期的孩子能够分辨父母的言语是真的为他们好，还是在发泄情绪而已。

我们需要让孩子知道情绪（甚至是强烈的情绪）是生活中的一部分。可以预见，情绪总会突如其来地侵入我们的大脑，但情绪也可以有多个可选择的宣泄口。大多数人可以学习管理自己的情绪反应。当然，这不是说在葬礼时

不要哭泣或者在面临挑衅时不要生气。我们可以允许负面
情绪的存在和表达，不过我们不能失去自我控制，也不能
有伤害自己或他人的行为。

7 学校中的情绪

孩子不仅在家中面临着管理情绪的挑战，在学校也充
满了触发情绪的因素，比如与同学交往和学业的压力。对
于许多孩子，尤其有特殊需要的孩子来说，这些挑战经常
会带来喜怒无常的行为。老师也许会指责这些孩子故意捣
乱，但是实际上这是他们情绪控制能力发展不好所导致的。
跟阅读或数学技能一样，情绪管理的技能也是需要一个长
期的发展过程的。

对这样的孩子而言，来自心理学家或其他人员的建设
性方案或支持性援助非常重要。有的时候孩子重复犯同样
的错误或者虚张声势，并不意味着他们是故意要这么做的。
相反，这些极端的行为很可能表示他们已经失控。如果想
要改变孩子在学校的情绪管理行为，家长、老师之间的共
同努力是必不可少的。学校应该定期给家长提供反馈，包

括能反映孩子行为表现的一些具体事例，这样家长可以知道训练方案是否有效。对孩子在校日常表现的长期观察无疑是非常有价值的资料。在提升孩子的执行技能方面，一个行动效率高的老师永远是家长最好的盟友。

为了孩子，与学校合作

列出心理学家和行为管理专家提出的方案。确保有一位以上的老师参与到了问题评估与诊断过程中。

先做最重要的事。在建立干预方案前，确保每个人准确地理解了问题及其原因。这也许包括诊断的影响、环境因素、家庭目前的问题或者同伴的问题。

如果孩子有问题行为或学习困难的历史，应该提早在学年初与学校工作人员见面，讨论孩子的学校经历并针对问题行为制订干预计划。当然，基于最近的信息或观察评估才是有效的。

如果前期制订的计划在 3 ~ 4 周内都没有效果，就应该尝试新办法了。因此，在第一次会议上，约定好下次评定计划效果的会议时间很重要。家庭和学校都要尽到各自的责任，只有这样才能促进家校之间的合作。

情绪是生命中不可或缺的一部分。研究表明，对于我们大多数人来说，有时哭泣、大喊或者懊悔对我们确实有帮助。然而我们也发现个人的情绪会影响他人的情绪。帮助孩子理解和调节情绪是社会学习的重要内容，也能帮助孩子意识到他们生活在情感联系的网络中。当我们引导孩子管理强烈的情绪时，我们实际上是在训练孩子的一种能力，一种对将来的生活有长远影响的、自我控制的能力。

↓

第十章

如何向学校、家庭和儿童介绍执行技能?

在这本书中我们探讨了执行技能对儿童社会性、情绪和智力的影响，用大量的篇幅重点介绍了提升大脑执行技能、挖掘孩子潜能的八个技巧。掌握这些技巧会让教育孩子的过程更加轻松、有趣。通过阅读本书，你可能对如何提升孩子的执行技能有了一些认识，但是教育孩子并非是靠一己之力可以完成的。特别是当孩子逐渐长大，他们接触到的形形色色的人都会对他们产生这样或那样的影响。为了奠定孩子成功的基础，我们有必要让出现在孩子生命中的重要他人以及孩子自身也对执行技能有一定的了解。

在最后这一章中，我们将会探讨如何向学校、家庭以及孩子本人介绍执行技能。对于前两类群体（指学校和其他家庭成员），你可以向他们推荐本书中的部分内容，这会对你们后续的讨论非常有帮助。我曾经在不同学校参加过执行技能相关的会议，有的学校对执行技能有相当的了解，有的却一无所知。毋庸置疑，和那些一无所知的人坐在一起讨论非常困难，因为需要花很多时间介绍关键的术语和概念。

对于儿童而言，我们要用一种更生动、易于理解和富有吸引力的方法去介绍执行技能。在本章最后我们会提供一个例子作为亲子讨论与交流的参考模板。

1 与学校合作

解决问题的第一步是清楚地认识问题，因此如果你的孩子有执行技能方面的困难，那么当你和校方解释时，你就需要掌握一些执行技能相关的重要概念和定义，以及了解执行技能对学业、社会性以及行为的影响。一般来说，只有当孩子的问题触及其他同学、老师甚至是学校利益时，校方才会主动找家长来开会。尽管校方的做法有时候差强人意，但我建议你不要与其对抗。一些老师会固执地认为孩子有多动症，但你依然要坚持说明这是执行技能发展的问题，而不是疾病。如果把它定性为多动症，就会去反复讨论不专心和过度活跃的表现，这并没有什么意义。另外，当老师执意认为孩子是多动症时，有效的干预很难开展，他们会认为重要的问题是什么药物最有效。我一直主张，药物可能是一个干预的重要组成因素，但是孩子并不能靠吃药获得教育。

以下是关于和校方讨论执行技能的一些谈话要点：

- 执行技能是比多动症更容易理解的概念。强调多动症可能涉及多种类型的执行技能问题，不是所有有执行技能问题的人都满足多动症的诊断标准，执行技能问题可能只是多动症的一个主要表现而已。
- 不要认为这是孩子的态度问题。要把孩子的行为障碍重新界定为一种认知过程困难。当你的孩子似乎冷漠、无法集中注意力、没有条理，甚至健忘、不活跃时，就要考虑他可能有执行技能上的障碍。
- 界定八个技能。可以向校方简要地介绍并描述每个执行技能（你可以在目录上进行回顾）。这些概念有助于我们描述观察到的结果以及建立干预目标。

不分心不拖延：
高效能孩子的八项思维技能（实践版）

- 明确孩子面临的挑战。通过教师的观察、学术报告以及个人观察，找出孩子的关键困难所在。如果可能的话，可以将这些困难和具体的技巧建立起联系。

- 药物还是适应。公开和校方讨论如何才能更好地帮助你的孩子，并向他们介绍替代性执行技能的概念。当行为干预和药物治疗都可用时，应当整合这两种资源。研究表明药物的使用配合行为干预才是最有效果的。(好比说如果你牙痛，止痛药可以缓解这种痛苦，但是只有一个有经验的牙医才能够从根本上治疗。同样，药物可以减少执行功能紊乱的症状，但是儿童只能从和他人的互动中学习和成长。) 另外，只有有处方权的医师才能够开具相关的药方。

- 家校交流。开学的前两周，要计划一个启动会议，向校方强调你想要通过分享你的孩子的情况来支持学校工作。并且请求老师协助，让他们持续地跟进和反馈关于你的孩子实现具体目标的信息。只要你和校方交流的时机是适宜的，你就不必感到尴尬或害怕，因为这样是在推进家校共同体的形成。

- 后续跟进。发起对话很重要，但是后续跟进才会让目标成为现实。特别是当一个行动计划刚开始实施的时候，应当和校方商量一个时间，不断地跟进，来推动这些计划。

孩子的执行技能不足所带来的问题也可能会影响家庭
和睦。我们已经讨论过如何将父母的负面影响降至最低，
同样的策略对于有更多成员的家庭而言也是有用的（如有
祖父母的家庭）。很多时候，孩子在其他家庭（如爷爷奶奶
家）中也度过了相当长的时间，那么就有必要向其他家人
分享孩子问题行为的应对策略，特别是规则和要求要保持
一致，这样也能减少孩子的焦虑。有时候，一些家庭成员
会把孩子和自己小时候进行对比，觉得孩子不正常，然后
对缺乏努力、注意力或者自控的孩子变得挑剔、不耐烦。
当这种情况发生的时候，可能就需要把这些观念分享给其
他家庭成员。谈话要点如下：

- 大脑有一个指挥家。向家庭成员介绍这样的观念：大
  脑有一个控制中心来安排各种思维任务；如果我们
  一家人能够相互配合，就会更有利于孩子问题的
  解决。

- 帮助你的另一半理解执行技能。特别是当你的孩子需
  要提醒的时候，如果干预不持续，那么他的进步也

会很慢，只有孩子的重要他人一致努力才能够起到最大的效果。另外，家庭中的每个人都理解执行技能发展迟缓的表现也很重要，更重要的是，应当把这些困难视为思维/过程问题，而不是性格缺陷。

- 指导而非惩罚。帮助你的家人理解执行技能需要的是指导，而不是惩罚。结果强化很重要，但是要让孩子理解你们的要求，并且这些要求是他可以达到的。

3　关于指挥家的解释

我的经验表明，和孩子直接讨论关于执行技能如何影响社会性、情绪和行为问题是有帮助的。当和孩子交流像执行技能这样抽象的概念时，我们要尽可能地用比喻和容易理解、有趣的词汇。我发现，使用叙事的方法帮助孩子理解思维和行为的因果关系很有效。充满画面感的故事可以帮助孩子把理解拓展到画面和情境之中，他们以后遇到问题时也会想到这些画面。

每个家庭都有自己的交流模式（你也应找到自己家的方式），但不管怎么样，家庭都需要一个谈论这件事的起点。下面的例子提供了这种起点的模板。你可以根据自己的情况选择性地采纳这个模版的内容。当然，用语上你也应根据自己孩子的年龄进行调整（下面的例子适用于 10 岁的孩子）。

你有没有听说过管弦乐演奏？你能够记得当听到管乐声的时候，有一个站在所有演奏者前面的人吗？我们管那个人叫指挥家，对不对？管乐团的指挥是一个很重要的工作，因为如果没有指挥家的帮忙，演奏者们就不知道该怎么演奏音乐了。指挥家带领这些演奏者，让他们知道什么时候进入、什么时候停止、该演奏多大声，以及其他重要的要点。最重要的是，指挥家必须确保演奏者们协调配合，这样才能够演奏出美妙的音乐。那么，你的大脑中也有一个指挥家。在你额头位置的大脑被称为执行脑，它的大小跟你的拳头差不多。它帮助你集中注意力、记住新的事情、开始做工作、制订计划、组织和管理你的情绪。这个指挥家的工作非常重要。

在我们家里，要进行的就是帮助你的大脑指挥家更好地工作，因为他打盹了。你能想象一个管乐团的指挥家睡着了会怎样吗？嗯……对，很可能演奏者们会忘记如何演奏音乐，突然间原本美妙的音乐可能会变成噪声。那么，如果你的大脑指挥家睡着了，同样的事情也会发生。因此，我们要做的就是让这个指挥家保持清醒。

我们得通力合作才能够叫醒他，可以计划一些事情帮助他清醒。例如，当你听到我的提醒或者看到我给你一个信号时，你能知道我所做的是要帮助你的指挥家正常工作。当我提醒你很多次的时候，我知道你会很心烦，但是你要知道我只是想帮助你，这样你也会变成一个更好的自己。现在，我们花一点时间谈论如果大脑的指挥家真的开始工作了会发生什么吧。你会在家里和学校里有什么变化呢？是的，这是一件好事，我认为一定会有好的结果的！这些变化就是你的大脑演奏家开始工作的证据。

想象一下你耳边有动听的音乐。是美妙的音乐还是恼人的噪声更让人高兴呢？是的，我同意，所以我们要提高你的大脑指挥家的能力的原因就是让别人有机会看到最好的你。你是我的孩子/学生，我为你感到骄傲。我对于你能够做到的也感到很激动。假设你的大脑中有一群演奏者，如果因为指挥家的偷懒让他们无法表演那就太可惜了。所以让我们花几分钟来写下一些关于你的大脑指挥家需要的帮助吧。虽然你的注意力和自控力是为指挥家工作的，但是指挥家是为你服务的，他需要知道你期待他做什么，你明白了吗？

这是一种我喜欢的向孩子解释执行技能的方法，我觉得这种解释是合理的、有创意的，也能够激励孩子。

4　让和谐之音绕梁不息

执行技能涉及理性和情绪、行为和反应、发起和反思的平衡。学习这些不同的人类经验是如何整合的，不仅能让我们更好地学习，也能帮助我们积极、充满好奇、富有同情心地看待世界。如果我们帮助一个孩子建立这样的心智，我们就是在让他更靠近精彩、完满的生活。我们很幸运，现在关于人类大脑的研究揭示了这种机制，我们了解到是精妙的神经纤维和神经网络从根本上塑造了我们的个性。这种理解能够指导我们把对孩子的关切转化为实际的支持和指导。

当然，我们还要结合具体情况，并且有耐心、坚持不懈地去完成这件事。为了孩子们更好的未来，也为了让他们以后生活的世界更美好，我们不能让一个心灵掉队！

不分心
不拖延

高效能孩子的八项思维技能

（实践手册）

机械工业出版社
CHINA MACHINE PRESS

目　录

执行技能水平测评

練習一　执行技能水平自查

执行技能检查表

和同龄人相比，孩子的执行技能水平：

发起行动	平均水平	落后
不需要催促或稍微催促，就开始做家庭作业或其他工作。	☐	☐
知道怎样设置成就目标，并且能执行自己的计划。	☐	☐
为待解决的问题制订解决方案，而不是希望问题自己消失。	☐	☐
为行动设定明确的时间（说"我会午饭后做这件事"并且真的这么做了）。	☐	☐
很少找借口逃避行动。	☐	☐
能独立进行一些自己感兴趣的业余爱好和活动。	☐	☐

思维灵活性	平均水平	落后
能多角度分析所面临的情况。	☐	☐
能够从现有的玩具和娱乐活动中获得乐趣。	☐	☐
能够适应朋友非常规的行为（贾斯汀因为生病而变得脾气暴躁）。	☐	☐
过渡期内几乎不发脾气或过度焦虑。	☐	☐
能够适应饮食和睡觉习惯的改变。	☐	☐
能适应社会团体中新伙伴的加入。	☐	☐

（续）

保持专注	平均水平	落后
能够听从包含三步以上的行为指令。	☐	☐
需要的时候能够抵制干扰。	☐	☐
能够容忍枯燥重复的活动。	☐	☐
保持足够安静，使自己的理解能力达到最优。	☐	☐
能够静下心来读书或者听别人读书。	☐	☐
不会让人感觉很轻率地匆匆结束对话。	☐	☐

计划能力	平均水平	落后
基本上都能够在要求时间内完成任务，不会出现拖延的情况。	☐	☐
能够考虑未来发生的事情，为明天或者下周的计划节省开支。	☐	☐
能够有序安排需要多个步骤才能完成的事情，比如先画好，再剪下来，然后粘贴等。	☐	☐
能够考虑到行为的后果。	☐	☐
明白事情有轻重缓急，并且知道为什么要这样区分。	☐	☐
关注那些能够影响计划的因素，比如，穿衣服之前先看天气预报。	☐	☐

组织能力	平均水平	落后
坚持把所有的家庭作业/学校通知带回家。	☐	☐
将个人物品安排得井井有条，并且方便取放。	☐	☐
能整理好个人抽屉里的物品。	☐	☐
卧室基本整洁，东西很多但不乱。	☐	☐
可以遵循步骤完成简单的料理，比如煎一个煎饼。	☐	☐
能够有效地利用书包或储物柜。	☐	☐

（续）

工作记忆	平均水平	落后
能够长时间地记忆并且在遇到新的学习问题时提取出相关信息。	☐	☐
能够记得和谈论在学校里学到的东西。	☐	☐
记得重要的日期、电话号码等。	☐	☐
能够记住事件的过程，不会在别人问起时大脑一片空白。	☐	☐
很少丢东西。	☐	☐
能够很轻松地完成"记忆任务"（例如，喂狗、每个月缴费、定闹钟）。	☐	☐

自我意识	平均水平	落后
能够注意到他人的感受，比如和同伴一起时会注意到轮流发言。	☐	☐
交谈时音量适中。	☐	☐
对"如何适应"当下情况，有直观的感觉。	☐	☐
能够建立和维持友情。	☐	☐
很少超越可接受行为的底线。	☐	☐
能够知道别人为什么会这样回应自己。	☐	☐

情绪管理	平均水平	落后
能够很快摆脱失望情绪或者从轻微的失望情绪中恢复。	☐	☐
很少对同龄人的语言或行为有过激的反应。	☐	☐
能够利用想象、推理和逻辑思维来应对逆境。	☐	☐
能够控制冲动的情绪，做出深思熟虑的决定。	☐	☐
不会因情绪而丧失逻辑思考或处理问题的能力。	☐	☐
能够用建设性的方式表达情绪从而引起同伴的积极关注。	☐	☐

- 如果在这个检查表中的任意一个执行技能维度下，你有三个或三个以上项目勾选了"落后"选项，就意味着你应该采取相应的措施来帮助孩子提高该领域的执行控制能力了。
- 如果你的评级表明孩子在至少两个技能维度里有三个及以上项目存在困难，就应该让他接受进一步评估，成立由家庭、学校、有资质的专家组成的辅导小组，提供专业支持。
- 使用书中提供的方法一段时间后，可以再使用这个检查表，观察孩子的执行技能是否有所提高。

技能一　发起行动

....

练习二　思维可视化

思维可视化图表

要完成的任务： _____

	第一步：_____
完成任务的步骤	第二步：_____
	第三步：_____
	第四步：_____
	……
完成任务后的成果	_____ _____

- 当孩子需要完成一项任务时，如果一开始就能直观地看到完成任务的步骤，会更容易行动起来。同时，如果他能想象完成任务后的成果，也会更有动力开始行动。

- 家长可以和孩子一起思考每一步应该做什么，然后让孩子按自己的喜好给每一步命名，并把每个步骤简要写下来或者画出来。

练习三　引导性对话

开启引导性对话的提问模板

四类提问方式	提问模板示例
引导进一步思考行为的原因	"你为什么突然停下练钢琴跑去给阿里打电话了？是你喜欢他，还是你对肖邦的曲子感到沮丧？"
以事实说明轻率行为的后果	"我知道你的小青蛙需要太多的时间来照顾，但你还记得在宠物店你是怎么吵着说不想养鱼，要养青蛙的吗？如果你用镊子给它喂蚊子，也许就不会那么恶心了。"
引导放慢脚步思考重要决定	"我们一起做个深呼吸，想想你面临的选择。如果你明天参加驾驶考试，早点考完早点解脱。但如果你因为训练不够而失败了，你还得再花一个多月来练习。"
与孩子产生情感共鸣	"我理解你很担心。毕竟这是一个大项目，很难知道如何开始。如果我帮你一起想，你会不会感觉好些？"

- 用引导性对话的方式进行提问，可以避免让孩子感觉被针对，减少情绪因素对孩子执行控制能力的影响，让他们更容易行动起来。
- 刚开始的时候，你可以参考提问模板示例中的句式和关键词，来练习引导性对话的提问方式。在掌握四类提问方式的核心要义之后，你可以更加灵活地和孩子开展引导性对话。

练习四　在"岔路口"做决策

如何在"岔路口"正确决策

策略	示例
清晰阐述不同的选择	当妈妈向妮娜解释溜冰与保龄球各有哪些特点时，妮娜就没那么焦虑了。这有助于妮娜根据自身利益和优势做出一个好的选择。
抽象观念可视化	撒德的声音变得越来越大，终于他的爸爸意识到他是因为不知道接下来怎么做而变得烦恼。爸爸急忙抓起一个画板，说："让我们从这个角度看……"于是撒德开始在纸上画起了草图，心情也慢慢平复下来。
描绘可能的后果	阿里在大考那天坚持不起床，说他病了，去不了学校。他的妈妈坐在他的床边，告诉他待在家里有什么好处和弊端。她用实事求是的口吻提醒阿里，他将错过学校的话剧表演，而且还得在第二天补考。她还说："你知道，如果你推迟了考试，你不仅今天会感到很糟糕，明天也是一样。你可以只紧张两个小时，也可以焦虑 26 个小时。"于是阿里觉得还是去学校更明智。

- 面对重要的决定时，将各种结果直观表现出来往往能让你做出更好的选择。上述几个方法可以帮助孩子在面临不同的选择时，做出正确的选择。

- 当孩子很明显做出了错误选择时，我们应该将其看作一个指导孩子理解并学习如何做决定的机会。

技能二　思维灵活性

练习五　社交节奏调整

社交节奏意识训练

方法	具体做法
观察	• 注意表达：你现在说得太快还是太慢？ • 他的动作好快，看上去是不是有很大压力？他的动作慢吞吞，好像有点不耐烦。 • 其他孩子一起玩的时候你看到了什么？他们怎么做到轮流说话的？ • _____
听	• 你听得出来她有多么沮丧吗？ • 她看起来很生气，你是不是说得太快或者太大声了？ • 乔在微笑，说得很快——你可以看出他有多么兴奋。但是他怎么才能知道你也很兴奋？ • 当一个人慌乱时别人会对他说"请冷静"，你的朋友会这么对你说吗？ • _____
问问题	• 如果你担心自己的节奏太慢，向老师求证一下。我相信老师会赞赏你这种做法的。 • 当然可以玩一些更刺激的游戏，但是你需要和你的哥哥达成一致。 • 如果你真的希望她知道你很不耐烦，那怎么才能够不伤害到她？ • _____

- 社交技能训练通常包括增加人际沟通的敏感度和调整对话的节奏。和谈话对象匹配对话节奏，也是一个锻炼孩子同理心的好方法。
- 理解观察、听和问问题三种训练社交节奏意识的方法之后，参考表中已经给出的做法示例，和孩子一起讨论一下还有哪些适合他的具体做法。

练习六　替代性执行控制

用"替代性执行控制"抑制分心

基本类型	示例
提示	"当……的时候**我们**会说什么?"
提醒	"别忘了看一下**我们**的每日清单。"
清单	"让**我们**写下你去露营时需要的东西。"
准备	"在三分钟内刷好牙，**我们**要走了。"
回顾	"还记得**我们**错过舞蹈课时发生了什么吗?"
彩排	"让**我们**想想看说些什么才能向娜娜表达你的歉意。"
出声思维	"**我们**先把所有的原材料拿出来，然后……"
确定优先级	"**我们**应该在购物之前去遛狗，不然……"

- 学会抑制分心是富有挑战性的，但也是自我调节的
  一种基本能力。替代性执行控制是训练抑制分心的
  有效方法。

- 以上表达用的都是"我们"，并且涉及的是需要两
  个人互动的任务。所有的孩子，特别是有学习障碍
  的孩子能够从大人合作性的表达中获得力量。

练习七 旧物品改造

旧物品改造

旧物品	可以如何改造
DVD 光盘	一堆旧光盘可以被做成一条裙子。
编织袋	可以和橡皮筋一起变成一件西装。
矿泉水瓶	_____
塑料购物袋	_____
_____	_____
_____	_____
_____	_____

- 改造旧物品需要孩子跳出物品的原有用途，思考其他的可能性，这个过程会锻炼孩子的思维灵活性，提升孩子的创造力。
- 可以让孩子想一想生活中经常会接触到哪些旧物品，思考一下它们可以改造成什么东西。可以在表中把想法写下来，经过讨论后，选择一个方案实际动手制作一下。

技能三　保持专注

练习八　注意力的三个维度

注意的维度	提升方式	示例
长度	示范抑制诱惑	"我已经等不及想去骑自行车了，但是我们应该先完成这些海报。我打赌如果我们今天完成了这些，明天去二手市场卖东西时我们会很开心的。"
	不要打断孩子	如果你的孩子正玩得高兴，不要因为你想出了一个新的游戏就打扰他的注意力。一次只玩一个玩具，一种游戏，一个活动。
广度	提示扩大关注范围	"伙计，你刚才的冲浪太帅了，但是你没有注意到一个巨浪差点打翻你吧。记得要'警觉'一点，这样才能顺利迎接下一次冲浪。"
	提示关注目标	"在去玩具店的路上，我们要路过比萨店、酒店和商场，我们能把注意力放在玩具店上吗？"
深度	强调保持一致性	"你更想要一个一直关注水里人安全的救生员呢，还是想要一个看5分钟水面然后再看5分钟沙滩飞盘的救生员呢？当然，当你注意的时候是没什么事的，但是当你不注意的时候事情就麻烦了。"

- 如书中所说，注意力包括三个维度：长度、广度和深度。你需要关注到孩子注意能力在这三个维度上的发展，而不是仅仅停留在我们通常所说的"专注"上。
- 根据你对注意三个维度的理解，看一看有什么更多的方法可以从这三个维度分别提升孩子的注意能力。

练习九　视觉辅助提示

需要提示的项目	示例
提示洗漱	在浴室的四个毛巾挂钩上面，挂四个木质字母："W-A-S-H"（洗漱）。
提示上学要带的东西	在孩子书包上挂一些图片标签，上面有午餐盒、图书、帽子等的图片。
提示完成家务	把一张自行车的照片贴在家务清单旁，提醒孩子完成家务可以获得积分，积到1000分就可以得到照片中的自行车。
提示＿＿＿＿＿＿	
提示＿＿＿＿＿＿	
提示＿＿＿＿＿＿	
提示＿＿＿＿＿＿	
提示＿＿＿＿＿＿	

- 利用视觉辅助手段来激励时间规划、提示行动顺序或者提醒应该注意的范围，是提升注意力的好方法。
- 尝试表格中提到的方法，并且参照这些方法，思考一下你的孩子还需要哪些视觉辅助提示，以及你可以如何为他提供这些提示。

练习十　家庭环境检查清单

检查你的家庭环境

家庭环境检查清单

1. 坚持每天和孩子一起阅读。　□
2. 每周组织一次家庭共同活动，如做手工、野营。　□
3. 控制家庭中每天打开电视的时间（不超过两小时）。　□
4. 和孩子一起制订他的生活常规安排表，并坚持执行。　□
5. 在家里显眼的位置（比如冰箱门上）贴上属于孩子的任务清单。　□
6. 在家里给孩子安排一个固定的、安静的学习场所。　□
7. 每天给孩子留出一些整块的、可以安静做自己感兴趣的事情的时间。　□
8. 每天给孩子安排（最好和孩子一起做）适量的运动。　□

- 改善家庭环境是帮助孩子克服注意力不集中的有效措施。这里的家庭环境，既包括家庭中的物理环境，也包括家庭中的时间和活动安排等非物理环境。
- 参照"家庭环境检查清单"，检查你的家庭环境和家庭日常活动，在已经完成或达标的条目后面打钩。注意一下有哪些条目是你们还没有做到的，尽可能进行调整。

技能四　计划能力：管理时间

练习十一　想在前面

引导孩子"想在前面"

方法	示例
明确目标	• "那看起来很有趣，做起来一定很有意思。你想过当你完成之后会是什么样子吗？在你把胶水和碎金纸用光之前，我们来一起想想到底要做什么吧。"
考虑细节	• "这次滑雪旅行要花多少钱？" • "你需要几尺布？" • "从这里到温迪家再回来要花多长时间？"
表扬想在前面的行为	• "你能想到在下雨之前收回运动鞋真是太好了。" • "你的 DVD 整理得真好，这样我们只用一点点时间就能找到想看的碟片，把更多的时间用在欣赏上了……我应该向你学习这种整理归类的方法。"
提醒做计划	• "我知道你很想做一个能练习滑板的斜坡，但是在开始之前，我们需要花时间来考虑把它放在哪里，需要多大的空间。"

- "想在前面"是有效计划三要素之一。
- 孩子的提前规划经常会省略很多细节，你可以用上面的方法帮助他明确目标、考虑细节，让计划更合理。

练习十二 确定步骤

学习确定做事情的步骤

方法	具体做法
讲出你自己做事情的步骤	通过大声讲出我们自己的计划，我们可以给孩子做出一个榜样。 例如："我在准备你的生日聚会。首先需要决定在哪里举行，邀请谁，再估计大概要花多少钱。"
和孩子一起阅读	一些故事里会涉及做很多事情的步骤，你可以和孩子一起阅读这些故事。
让过程充满乐趣	当你问一些很傻的问题时，孩子会觉得自己很聪明。 例如："亲爱的，我忘记了，袜子和鞋子要先穿哪一个？是鞋子吗？为什么？""蠢妈妈，这样袜子上不就都是泥了吗？""哦，是这样啊，好像你说得有道理哦。那然后应该穿什么呢？"
提供现场指导	当一个孩子不断重复失败变得很沮丧时，你最好直接介入，提供必要的指导。 例如："我们可以一起来做。我也曾经花了很大力气才学会了跳舞。每次一小步，相信你能做得到。让我们把它分解，我先做一个动作，你来跟我做。"

（续）

方法	具体做法
把事情写下来	把事情记下来能够让我们发现前后的矛盾，增强客观性，并且提升创造性思考的能力。 例如：让你即将成人的女儿写下如何才能赚到买下一辆车她应该承担的那一半费用，或者让你的小儿子做一个每周任务清单。

- "确定步骤"是有效计划三要素之一。
- 教孩子做计划最重要的部分就是让他们明白步骤的含义。父母如果能在这一过程中提供帮助，就可以缓解孩子的压力，与孩子结成积极的工作同盟。

练习十三　建立时间观念

分年龄段的时间观念培养策略

年龄段	策略	示例
学龄前阶段	用类比的方法识别时间	"和我们去祖母家需要的时间一样"或者"和唱一首字母歌所需要的时间一样"。
	避免模棱两可的陈述	当你真正的意思是需要 15 分钟时，最好不用"我一会儿就到"或"等我有空的时候"。
	跟孩子聊聊时间知觉	"当你刷牙时感觉时间很长，但是当你吃冰激凌时觉得时间很短。"
	借助沙漏或计时器	使用沙漏或计时器帮助孩子感知时间。
小学阶段	让孩子参与有关时间的决定	"你是想现在离开去吃冰激凌还是想在动物园多玩一会儿，先不吃冰激凌呢？"
	建立有规律的作息安排	"放学之后你可以玩到布兰登回家，然后在晚饭之前的这段时间你要写作业。"
青少年及青春期	让孩子制订作息表	在学期初让孩子制订作息表，分配好自由时间、学习时间和课外班的时间。选择那些适应孩子作息安排的课外班。
	关注实际完成任务时间	如果孩子在电脑上写作业，他可以通过查看文档的统计数据知道自己实际花了多少时间完成作业。

（续）

年龄段	策略	示例
青少年及青春期	预留缓冲时间	如果孩子经常低估完成一项作业需要的时间，让他下次做计划时留一些缓冲时间"以防万一"。
	让孩子为自己负责	不要总是把孩子缺乏计划性的责任担在自己身上。当问题在于缺乏动机而不是缺乏能力时，让他自己来承担后果。

- "建立时间观念"是有效计划三要素之一。
- 做好时间规划十分重要，但是这对于孩子来说十分有挑战性，尤其是当他们还没有成熟到具备时间概念的时候。对于很小的孩子，我们最好将抽象的时间与具体的事件联系起来。

技能五　组织能力：管理空间

···

练习十四　保持整洁

引导孩子保持整洁的策略

方法	示例
设定限制	"你一次拿了太多东西了。记住我们的家庭规则，一次只拿三种玩具。"
对事不对人	"这个房间太脏了"而不是"你是一个顽固不化的人"。
清楚表达期待和目标	"把所有的玩具放在地板上的篮子里"还是"好好收拾屋子"？你的孩子无法遵守那些复杂、不一致且含糊不清的规则。
允许阶段性的不整洁	留给孩子一些时间和空间，让他自己有掌控权，即使弄得一团糟也不会挨批评。

- 整洁会使我们心情平静，减少对于生活的焦虑。

- 整洁是一种性格特质，对一些人来说明显比另外一些人更容易做到。但整洁也是一种行为，一种选择，是可以习得的。

练习十五　可视化榜样

用可视化策略树立榜样

方法	示例
展示榜样	• "这是我的电脑文件夹。他们通常都有一个绿色标签。" • "这个杂志介绍了两种衣柜收纳方案，仔细看，哪一个更符合你的需要？"
划分任务	• "好，我们把这个大锅放在下面，把小锅挂在灶台上，把碗放在柜橱里。" • "让我们把夏天和冬天的衣服分开，在 11 月和 5 月的时候我们进行调换，怎么样？"
工作空间结构化	• "我们有了马克笔、蜡笔和颜料。给你一个盒子，这样你可以把它们收纳整理起来，你觉得怎么样？" • "嘿，难怪你这么沮丧，你想找什么都找不到。这些资料十分重要，我来帮你把桌子收拾好吧，这样你可以更好地利用时间。"

• 不管孩子在组织能力上面临怎样的挑战，你都可以使用这些可视化策略来帮助他。

练习十六　区分无序和非常规

区分无序和非常规的组织方式

无序	常规组织方式	非常规组织方式
鞋子到处乱扔。	鞋子在衣柜下摆成一排。	跑鞋放在储物室，时装鞋放在大厅，拖鞋放在床下——均放在最需要的地方。
论文全部随意放在电脑桌面上。	将论文按主题分成不同的文件夹，放在一个压缩包里。	论文都放在电脑桌面上，将需要重点参考的段落标记出来放在一起。
衣服在房间里随意乱放。	衣服挂在衣柜里。	衣服按照保暖程度折叠收纳。
_____	_____	_____
_____	_____	_____

- 用非常规的方式进行组织和无序完全是两回事。表面的无序只是一种不太容易被识别的秩序与组织。有序与组织化并不一定要遵循传统意义上的、有效的方法。
- 和孩子一起讨论一下，看看他有哪些非常规的组织方式可能被你误解为了无序。

技能六　工作记忆

练习十七　提升社交工作记忆

帮助孩子提升社交中的工作记忆

方法	说明
尽量使用提示和重复	在互相介绍环节尽量使用提示和重复。比如："泰勒，这是鲍勃。鲍勃也喜欢滑雪。鲍勃，你能跟泰勒说一下你的特鲁瑞德之旅吗?"
帮孩子找到友好的伙伴	一对一的社会互动会更容易一些，尤其是和一个比较友好的伙伴。一个好伙伴会帮助孩子更快地融入一个大团体。
鼓励孩子使用列表	在孩子打电话时鼓励其使用列表。在打电话时把对方所说的内容要点记录下来，或者写下自己想说的要点。
鼓励孩子写日记	鼓励孩子写日记。这可以让他们将一天里发生的事情都记录下来，包括一些有用的细节（比如戴德可以从日记中找到他忘记的小组长的名字）。
把注意力放在一两个人身上	团体活动中可能会有一些发言比较积极的人，把注意力放在他们身上会更容易些。在孩子有进步之后，再训练他们转移注意力的能力。

- 工作记忆中即使很小的差异也可能会给孩子的社会人际交往带来很大的影响。工作记忆比较弱的孩子会认为社会互动是一件很有挑战性的事情。在团体情景中，他们很难跟上对话的速度。

练习十八　应对记忆时区差异

如何帮助处于不同工作记忆"时区"的孩子

方法	示例
表达和寻求信息	"呃，让我想一下。"（表达信息） "这很有趣！"（表达信息） "抱歉，你刚才说什么了？"（寻求信息）
使用玩偶	幼儿可以使用玩偶，比如"健忘的大象"或者"越狱兔"来帮助他更好地理解他人，克服自己的困难，勇敢地踏出第一步。
使用身份或暗语	安娜和自己的儿子说，他像一个聪明却容易走神的老教授，当他发呆时，她就会说："你又在想什么主意呢？"以此来训练他儿子的反应，比如儿子可以回答说："你一会儿就知道啦。"
设置一个小白板	准备一个可以擦写的小白板，在上面写上一些活动过程，比如"早起后：穿衣，刷牙，吃早饭，把午饭放到书包里"，以此进行提醒。
使用计时器	计时器或时钟也可以很好地帮助孩子控制时间，进行日程的提醒。

- 因为工作记忆会影响孩子加工信息的速度，有时候他们会觉得自己似乎和别人生活在不同的"时区"。他们的反应总是有一定的时差，这对他们的社会交往造成一定影响。

- 当我们帮助处于不同"时区"的孩子来解决他们的问题时，我们最好利用具体的例子，使用时钟作为道具，针对这个具体的例子来对不同的"时区"做最详尽的解释。

练习十九　找到最优学习通道

了解最优学习通道，提高工作记忆

学习任务	学习通道	适合的指导方式
学骑自行车	视觉	让我们来看看这些图片，教我们如何平衡、踩脚踏板以及刹车。看到我说的了吗？
	听觉	我来讲一下如何骑车，讲完之后你们来重复一遍吧。如果需要你们加速踩踏板，我会拍手示意；如果需要你们减速，我就会吹哨子。
	动作	嘿，我把自行车这么放怎么样？这样你就可以模拟骑车了，试着来感受一下如何踩踏板和刹车。
_____	视觉	_____
	听觉	_____
	动作	_____

- 孩子可能会有各自最优的学习通道：视觉、听觉或动作。工作记忆在孩子使用最佳通道学习时会更有效率。当然，很多时候你可以结合几种不同的通道模式来强化孩子的学习。
- 和孩子讨论一下，选择一项学习任务，看一看这项任务在三种学习通道上，各有什么样的学习方式，找出孩子最适合的学习通道，并尝试实践一下。

技能七　自我意识

练习二十　觉察自己的行为

引导孩子觉察自己的行为

需关注的行为	需关注的具体内容
注意你的词句	• 你在人前说话多吗？一般来说，你是一直说个不停还是完全不说话？ • 你和别人说的是一个话题吗？ • 你说话的时候，是不是会注意不要伤害到别人？
注意你的表情	• 你经常微笑还是皱着眉头？ • 你记得和别人有眼神接触吗？ • 你是否注意你在倾听的时候也有眼神交流？
注意你的身体姿势	• 你是不是在不适当的时候触碰了别人的身体或东西？ • 你是否不小心制造了太多噪声？ • 你是否会无意识地挠或揉自己？ • 你是否会扯自己的头发或者含着自己的头发？

• 询问孩子是否可以去观察他人的表现，并根据大家的表现来调整自己的行为，包括言语、表情和身体姿势。这可以帮助他更专心地去观察别人，增强自己的社会意识。

练习二十一　理解他人的所思所想

引导孩子理解他人的所思所想

方法	引导示例
对不同的选择给出评价	• "你和你的哥哥这么不同，还挺神奇的，你喜欢打游戏而他愿意一直玩拖拉机。" • "你知道我最喜欢你哪一点吗？你虽然是我们家最小的孩子，却在面对新事物的时候最为勇敢。"
鼓励孩子猜测他人的想法	• "他们在比赛最后一分钟换上了新的四分卫，你觉得这些孩子都在想什么？" • "你注意到伊莫瑞经常自己一个人回家吗？他是自愿这样还是因为害羞呢？"
理解别人的感受	• "你确实应该愤怒，但我觉得你应该想想你的妹妹为什么穿了你的毛衣。你注意到她有多希望成为你吗？" • "我能想到两种可能。一种是他会很惊讶看到了你，另一种呢？你能猜到吗？"
常常问为什么	• "我很为你骄傲，你能猜到弗兰克叔叔对他的邻居有什么看法。但你这么认为有什么依据呢？" • "看看你的小妹妹，一直努力想跟你说话。你觉得她为什么要这么努力呢？她其实只会说几个词呀。"

• 只有当孩子理解其他人有自己的独特经验和思维方式的时候，他们才能理解其他人和自己不一样的想法。孩子学习猜测别人的感觉和思维，考虑别人的处境，并表现在体谅他人的行为上，才能逐渐发展出较高的共情能力。

练习二十二　多角度自我认知

鼓励孩子从多个角度认识自我

孩子的自我认知	引导多角度自我认知
丽莎随时都会哭。她总能偶然听到一些事情，让自己很受打击。她不能相信别的女孩是这样看她的。	"宝贝，你上优秀学生榜，成为游泳校队队员和班委绝非偶然，"妈妈说，"你是我见过的最努力的孩子。如果不相信，你可以问崔西、雅米、理查德先生、托比先生、你的校长或游泳队的教练……"
简等不及要回家踢球。"其他球友需要我去考虑怎么踢，"他告诉自己的爸爸，"我可以主管一切，他们很幸运。"	"也许你们应该轮流来组织踢球活动，"爸爸建议，"你也许不会相信，但其他孩子其实也很希望能当一回头儿。你不想他们认为你很自以为是吧?"
_____	_____
_____	_____
_____	_____
_____	_____
_____	_____

- 考虑不同的评价和声音并找到原因，理解自己的行为可能会带来不同的反应，对于大龄儿童或青少年尤其有益。我们需要多角度思考的能力，需要避免非黑即白的判断。
- 回忆一下，你的孩子经常有哪些片面的自我认知，想一想你可以如何从另一个角度给予引导。记录下来，然后去实践一下。

练习二十三　非语言提示

用非语言信号提示孩子观察到的问题

提示内容	非语言提示信号
父母观察到孩子情绪增强	父母用食指轻点孩子的手掌三次，提醒孩子做三次深呼吸。
	_____
	_____
	_____
	_____

- 对于比较小的孩子，父母关于情绪逐渐增强的提示，能帮助他们注意到自己的情绪变化，并练习对那些感受做出不同的反应。

- 对于大一点的孩子，在给提示信号之前，应该及时强化他们对情境的反应。当孩子学着更加自主地调节情绪时，要记得表扬他。

练习二十四　把情绪具体化

把情绪具体化

策略	运用说明
把情绪反应当作孩子的一个选择	用讲述事实的语气来讨论不同的选择可能带来不同的结果。例如："好，让我们考虑一下。你想一直哭还是等做完训练后再接着哭?"
教孩子识别具体的情绪	和孩子一起练习辨认他们在其他人身上观察到的情绪。词语有助于孩子察觉自己的情绪体验。这样孩子渐渐就能分辨它们的不同，这对掌控情绪很重要。例如，当一个孩子能够理解生气、失意、激怒和失望的区别时，他就能更好地管理这些情绪。

- 把情绪具体化可以帮助孩子了解自己的情绪。我们越能辨识我们和他人的情绪是相似的，就越能泰然自若地应对我们的情绪。
- 实践练习：一个最受喜爱的促进情绪具体化的练习是父母带孩子到公共场合，保持一个合适的距离去观察别人，让孩子猜测别人在想什么或者感受是怎样的。

练习二十五　提供情绪支持

为孩子提供情绪支持

策略	示例
预测情绪反应并提前表示共情	"我知道你会想念妈妈，所以让我们设计一个特别的方式，以便妈妈出差在外时你的感觉更好些。"
柔和地表达拒绝	"孩子们，你们能出去踢球或者找一些更安全的东西在房间里面玩吗？"而不是说"不要在房间里踢足球"。

- 当我们用语言表达我们的预测，我们就是在示范如何提前考虑，这样我们就能缓和一个突发事件所带来的情绪波动。

- 尽管对孩子来说学会接受拒绝很重要，但学着去做却很困难，因为这很让人受打击。我们需要一种让孩子不那么难过的方式与去表达拒绝。